VOZES, SABERES E RESISTÊNCIAS COTIDIANAS NA EDUCAÇÃO PARA AS RELAÇÕES ÉTNICO-RACIAIS

Editora Appris Ltda.
1.ª Edição - Copyright© 2024 dos autores
Direitos de Edição Reservados à Editora Appris Ltda.

Nenhuma parte desta obra poderá ser utilizada indevidamente, sem estar de acordo com a Lei nº 9.610/98. Se incorreções forem encontradas, serão de exclusiva responsabilidade de seus organizadores. Foi realizado o Depósito Legal na Fundação Biblioteca Nacional, de acordo com as Leis nos 10.994, de 14/12/2004, e 12.192, de 14/01/2010.

Catalogação na Fonte
Elaborado por: Dayanne Leal Souza
Bibliotecária CRB 9/2162

V977v 2024	Vozes, saberes e resistências cotidianas na educação para as relações étnico-raciais / Eugénia da Luz Silva Foster e Elivaldo Serrão Custódio (orgs.). – 1. ed. – Curitiba: Appris, 2024. 193 p. : il. color. ; 23 cm. – (Coleção Educação e Direitos Humanos: Diversidade de Gênero, Sexual e Étnico-Racial). Vários autores. Inclui referências. ISBN 978-65-250-6749-0 1. Educação. 2. Relações étnico-raciais. 3. Diversidade cultural. 4. Amapá. I. Foster, Eugênia da Luz Silva. II. Custódio, Elivaldo Serrão. III. Título. IV. Série. CDD - 370

Livro de acordo com a normalização técnica da ABNT

Appris
editora

Editora e Livraria Appris Ltda.
Av. Manoel Ribas, 2265 – Mercês
Curitiba/PR – CEP: 80810-002
Tel. (41) 3156 - 4731
www.editoraappris.com.br

Printed in Brazil
Impresso no Brasil

Eugénia da Luz Silva Foster
Elivaldo Serrão Custódio
(org.)

VOZES, SABERES E RESISTÊNCIAS COTIDIANAS NA EDUCAÇÃO PARA AS RELAÇÕES ÉTNICO-RACIAIS

Appris
editora

Curitiba, PR
2024

FICHA TÉCNICA

EDITORIAL	Augusto Coelho
	Sara C. de Andrade Coelho

COMITÊ EDITORIAL

- Ana El Achkar (Universo/RJ)
- Andréa Barbosa Gouveia (UFPR)
- Antonio Evangelista de Souza Netto (PUC-SP)
- Belinda Cunha (UFPB)
- Délton Winter de Carvalho (FMP)
- Edson da Silva (UFVJM)
- Eliete Correia dos Santos (UEPB)
- Erineu Foerste (Ufes)
- Fabiano Santos (UERJ-IESP)
- Francinete Fernandes de Sousa (UEPB)
- Francisco Carlos Duarte (PUCPR)
- Francisco de Assis (Fiam-Faam-SP-Brasil)
- Gláucia Figueiredo (UNIPAMPA/ UDELAR)
- Jacques de Lima Ferreira (UNOESC)
- Jean Carlos Gonçalves (UFPR)
- José Wálter Nunes (UnB)
- Junia de Vilhena (PUC-RIO)
- Lucas Mesquita (UNILA)
- Márcia Gonçalves (Unitau)
- Maria Aparecida Barbosa (USP)
- Maria Margarida de Andrade (Umack)
- Marilda A. Behrens (PUCPR)
- Marília Andrade Torales Campos (UFPR)
- Marli Caetano
- Patrícia L. Torres (PUCPR)
- Paula Costa Mosca Macedo (UNIFESP)
- Ramon Blanco (UNILA)
- Roberta Ecleide Kelly (NEPE)
- Roque Ismael da Costa Güllich (UFFS)
- Sergio Gomes (UFRJ)
- Tiago Gagliano Pinto Alberto (PUCPR)
- Toni Reis (UP)
- Valdomiro de Oliveira (UFPR)

SUPERVISORA EDITORIAL	Renata C. Lopes
PRODUÇÃO EDITORIAL	Adrielli de Almeida
REVISÃO	Katine Walmrath
DIAGRAMAÇÃO	Andrezza Libel
CAPA	Dani Baum
REVISÃO DE PROVA	Bruna Santos

COMITÊ CIENTÍFICO DA COLEÇÃO EDUCAÇÃO E DIREITOS HUMANOS: DIVERSIDADE DE GÊNERO, SEXUAL E ÉTNICO-RACIAL

DIREÇÃO CIENTÍFICA Toni Reis

CONSULTORES

- Daniel Manzoni (UFOP)
- Belidson Dias (UBC Canadá)
- Jaqueline Jesus (UNB)
- Leonardo Lemos (Unicamp)
- Wanderson Flor do Nascimento (UNB)
- Marie Lissette (The American)
- Guilherme Gomes (PUCRS)
- Cleusa Silva (Unicamp)
- Sérgio Junqueira (Univ. Pontifícia Salesiana-Roma-Italia)
- Alexandre Ferrari (UFF)
- Araci Asinelli (UFPR)
- Fabio Figueiredo (PUCMG)
- Grazielle Tagliamento (USP)
- Magda Chinaglia (Unicamp)
- Miguel Gomes Filho (Faed-UFGD)
- Tereza Cristina (UFBA)
- Jucimeri Silveira (PUC-SP)
- Marcelo Victor (UFMS)
- Cristina Camara (IFCS/UFRJ)
- Vera Marques (Unisinos)
- Antonio Pádua (UFRJ)
- Lindamir Casagrande (UTFPR)
- Mario Bernardo (UFRJ)
- Helena Queiroz (Universidad de La Empresa-Montevidéu)
- Moisés Lopes (UNB)
- Marco José de Oliveira Duarte (UERJ)
- Marcio Jose Ornat (UEPG)

APRESENTAÇÃO

Na introdução do seu memorial para professora titular, na Universidade Federal Fluminense-RJ, a professora Célia Linhares nos incentiva a pensar no lugar ocupado pela memória na constituição da nossa identidade profissional, enquanto educadores e educadoras. Segundo essa autora, em sua escrita sensível e poética, a oportunidade de revisitar o passado, paradoxalmente, nos coloca diante de algo que foi vivido, duplamente provado, tanto como experiência coletiva quanto como experiência individual, mas que é também novo. A "novidade" residiria na possibilidade aberta durante o processo de rememoração de poder *entrar no passado a partir de chaves com que desejamos abrir o futuro.*

A apresentação dos textos que aqui seguem reunidos nesta coletânea me obriga, necessariamente, à rememoração. A lançar um olhar, ainda que breve e mais ou menos enviesado, a partir das experiências adquiridas ao longo desses 24 anos, sobre uma trajetória de ensino, pesquisa e extensão tecida por fios que ligam nossa vida pessoal (formação e exercício profissional) com as decisões e escolhas que viemos fazendo ao longo da nossa carreira docente na temática das Relações Raciais e Educação.

Reminiscências de memórias do meu ingresso no Programa de Pós-Graduação/Doutorado em Educação da Universidade Federal Fluminense, das nossas trocas, leituras e discussões acaloradas no Aleph — Programa de Pesquisa em Formação dos Profissionais da Educação: Ensino e Extensão, coordenado pela professora Célia Linhares, e também das vivências construídas no nosso Grupo de Pesquisas Educação, Interculturalidade e Relações Étnico-Raciais, dentro da Universidade Federal do Amapá e fora dela. Acreditamos, a partir de algumas ancoragens teóricas, que ao se debruçar sobre suas próprias memórias e experiências de vida, o sujeito tem oportunidade de reconstruí-las e nesse processo ele pode potencializar uma revisão de posturas e práticas.

Assim, é inspirada pelas lindas palavras da minha professora e eterna orientadora Célia Linhares que as lembranças do percurso desse grupo de pesquisa, da sua fundação aos dias de hoje, no âmbito do qual os textos aqui foram tecidos, são trazidas à tona e "revivificadas". Justamente por permitirem, cada um na sua singularidade, uma atualização de questões de ontem e que hoje ainda permanecem abertas, além de um trabalho de ressignificação de outras questões.

E, quando olho para trás e tento capturar os fragmentos dessa memória, remonto aos primeiros momentos da minha chegada à Universidade Federal Fluminense, em Niterói (RJ). Lembro bem que foi movida por indagações para as quais, enquanto educadora, vinha sem sucesso procurando respostas que decidi me embrenhar na compreensão da realidade racial brasileira no ano de 2000. Tema de extrema relevância, porém, até então com pouca visibilidade da pesquisa, e uma verdadeira ousadia para uma estrangeira naturalizada brasileira, oriunda de um minúsculo país africano de língua oficial portuguesa, se considerarmos as dimensões continentais do país de acolhimento. Na bagagem, uma indagação que vem me ocupando ao longo desses anos de pesquisa: onde estão os negros brasileiros? Pergunta posta a mim mesma a partir de um inicial estranhamento produzido pela crescente percepção da assimetria entre as expectativas que trazia na bagagem de recém-chegada e a realidade do país que escolhera para estudar.

Foi, portanto, quando comecei a dar os primeiros passos no estudo da temática das relações raciais brasileiras e suas conexões com a educação que as primeiras pedras desse grupo de pesquisa começaram a ser lançadas, o que viria, mais tarde, a redundar na criação, em 2006, já na Universidade Federal do Amapá (Unifap), do Grupo de Pesquisa Educação, Interculturalidade e Relações Étnico-Raciais, a partir do meu envolvimento no Programa de Pós-Graduação em Desenvolvimento Regional (PPGMDR) e do Programa de Pós-Graduação em Direito Ambiental e Políticas Públicas (PPGdapp). Ao longo dos anos, com a extinção do PPGdapp, contamos com o PPGMDR; Programa de Pós-Graduação em Educação (PPged); Programa de Pós-Graduação em Educação na Amazônia — Doutorado em Rede — Educanorte/Polo Belém-PA, curso de Pedagogia, além de outras parcerias internacionais como, por exemplo, a Universidade de Cabo Verde.

Formado atualmente por pesquisadores, mestrandos, acadêmicos de Pedagogia e doutorandos que vêm atuando na Universidade Federal do Amapá e nas instituições parceiras, o grupo tem buscado entrelaçar vivências de pesquisa e outras experiências no campo da educação das relações raciais, a partir das atividades de ensino, pesquisa e extensão universitária. A título de exemplo, contamos até o ano de 2019 com a participação de bolsistas do Programa de Educação Tutorial (PET)/Pedagogia Conexões de Saberes, desde 2012. O grupo vem sendo coordenado por dois professores: Eugénia da Luz Silva Foster e Elivaldo Serrão Custódio, que veio somar esforços na sua consolidação.

É pertinente destacar que com a parceria do professor Elivaldo Custódio, houve a necessidade de ampliação das discussões, com objetivo de desenvolver ações de pesquisa articuladas a ações de formação/atualização de professores sobre a temática do Ensino da Linguagem Matemática, da Etnomatemática, da Cultura e das Tradições Amazônicas do estado do Amapá, dentro da rede escolar pública e privada (Grupo de Estudos e Pesquisas em Etnomatemática, Cultura e Relações Étnico-Raciais – Gepecrer-Ueap). O objetivo deste trabalho era verificar e entender de forma mais particular como essas temáticas estão presentes no Ensino da Matemática da educação básica das escolas do campo, das comunidades quilombolas, indígenas e ribeirinhas, entre outras.

Em linhas gerais, nosso grupo está interessado em realizar estudos e pesquisas sobre o processo educacional, no que diz respeito tanto aos aspectos teóricos como práticos, incorporando as discussões referentes às diferenças, em suas várias dimensões. As pesquisas desenvolvidas no âmbito do grupo têm se tornado no estado do Amapá, bem como em outras localidades, um importante campo de reflexões sobre a necessidade de se pensar em questões como diversidade, alteridade e diferenças e seus desdobramentos no campo da educação.

É nessa direção que os nove textos aqui reunidos nesta coletânea foram produzidos. Todos são decorrentes de reflexões realizadas por nossos orientandos e orientandas de mestrado e doutorado da Universidade Federal do Amapá e Universidade Federal do Pará. Assim, desejamos a todos e a todas uma boa e proveitosa leitura.

Eugénia da Luz Silva Foster
Líder e fundadora do Grupo de Pesquisa
Educação, Interculturalidade e Relações Étnico-Raciais (CNPq/Unifap)

SUMÁRIO

INTRODUÇÃO 11

CAPÍTULO 1
RELAÇÕES QUE PROMOVEM E REPRODUZEM A DESIGUALDADE E O RACISMO NO BRASIL.. 17
Antônio Eugênio Furtado Corrêa
Eugénia da Luz Silva Foster
Elivaldo Serrão Custódio

CAPÍTULO 2
RELAÇÕES ÉTNICO-RACIAIS NO CURSO DE PEDAGOGIA E ESTRATÉGIAS DOCENTES... 39
Gisele Paula Batista
Eugénia da Luz Silva Foster

CAPÍTULO 3
O DESAFIO DE QUALIFICAR PROFESSORES PARA A DIVERSIDADE: A REALIDADE DO ESTADO DO AMAPÁ.. 59
Efigênia das Neves Barbosa Rodrigues
Eugénia da Luz Silva Foster

CAPÍTULO 4
EDUCAÇÃO PARA AS RELAÇÕES ÉTNICO-RACIAIS NO AMAPÁ: ANÁLISES E PERSPECTIVAS 77
Moisés de Jesus Prazeres dos Santos Bezerra
Eugénia da Luz Silva Foster

CAPÍTULO 5
TRAJETÓRIAS SOCIOEDUCACIONAIS DE MULHERES NEGRAS NO AMAPÁ: ROMPENDO RELAÇÕES DE PODER.. 91
Adaíles Aguiar Lima
Elivaldo Serrão Custódio

CAPÍTULO 6
QUILOMBO E MEMÓRIA: O PROJETO IDENTIDADE CULTURAL NA ESCOLA DAVID MIRANDA EM SANTANA (AP) 115
Silvaney Rubens Alves de Souza
Eugénia da Luz Silva Foster

CAPÍTULO 7
O NEGRO NA COMUNICAÇÃO: ESTEREÓTIPOS RACISTAS 139
Jacks de Mello Andrade Júnior
Eugénia da Luz Silva Foster

CAPÍTULO 8
RESISTÊNCIAS RELIGIOSAS AFRO-BRASILEIRAS: O CASO DO *ILÉ ASÉ NI BABA KIJÁ* EM ANANINDEUA (PA) 157
Vaniely Corrêa Barbosa
Eugénia da Luz Silva Foster

CAPÍTULO 9
PATRIMÔNIO CULTURAL IMATERIAL E RELIGIOSIDADE: AS CELEBRAÇÕES EM MAZAGÃO VELHO NO AMAPÁ 173
Alene Chagas da Silva
Eugénia da Luz Silva Foster

SOBRE OS AUTORES 189

INTRODUÇÃO

A questão racial, o racismo, a diferença, a diversidade, a equidade, os direitos humanos, entre outros assuntos e seus desdobramentos na Educação são as temáticas que unem pesquisadores e pesquisadoras em torno desta obra. Congregamos neste livro professores, alunos e egressos do Grupo de Pesquisa Educação, Interculturalidade e Relações Étnico-Raciais, cadastrado no CNPq pela Universidade Federal do Amapá (Unifap). Portanto, essa coletânea de textos representa o esforço pela consolidação e fortalecimento da Pesquisa na área da Educação para as Relações Étnico-Raciais em âmbito nacional e, em especial, no estado do Amapá, que vem ocorrendo desde a fundação do grupo em 2006. A seguir, será exposta a sucinta descrição das ideias apresentadas pelos autores e autoras.

No capítulo *"Relações que promovem e reproduzem a desigualdade e o racismo no Brasil"*, os autores Antônio Eugênio Furtado Corrêa, Eugénia da Luz Silva Foster e Elivaldo Serrão Custódio discutem sobre as relações que, ao longo da história do Brasil, promovem, estruturam e reproduzem a desigualdade social e o racismo no país. A partir de revisão da literatura, apresentam delineações e ações cotidianas que concretizam a desigualdade e o racismo presentes no decorrer dos tempos. Ressaltam que o racismo, por envolver aspectos subjetivos em seus matizes conceituais, pode ser identificado na organização da sociedade, uma vez que o racismo estrutural parte desse arcabouço institucional e se materializa em falas e ações. Os resultados apontam uma diversidade de modos como a desigualdade social e o racismo nela entrelaçado estão presentes na estrutura social, bem como são frutos de um processo que organizou a sociedade desde o período colonial, o que favoreceu a elite ao longo dos tempos.

Gisele Paula Batista e Eugénia da Luz Silva Foster em seu texto *"Relações étnico-raciais no curso de pedagogia e estratégias docentes"* debatem sobre as experiências teóricas vivenciadas durante a formação docente, nas aulas da disciplina Seminário de Pesquisa, que trata da temática das relações étnico-raciais no curso de Pedagogia da Universidade Federal do Amapá (Unifap). A metodologia utilizada parte de uma revisão de literatura sobre as obras articuladas no plano de curso, e que foram utilizadas durante as aulas ao longo de um semestre. Os resultados do estudo apontam duas questões que precisam ser revistas na educação, uma refere-se à formação de educadores(as) que precisam conhecer os temas emblemáticos para desmistificar preconceitos; a outra diz respeito à produção de recursos/estratégias didático-pedagógicos para combater o racismo e todas as formas de exclusão social geradas por ele.

O capítulo de Efigênia das Neves Barbosa Rodrigues e Eugénia da Luz Silva Foster, intitulado *"O desafio de qualificar professores para a diversidade: a realidade do estado do Amapá"*, objetiva discutir acerca da necessidade de se repensar a prática educativa, considerando a Lei Federal n.º 10.639/2003 e a Lei Estadual n.º 1.196/2008 no âmbito escolar. Esse é o resultado de um estudo sobre formação de professores da rede pública de ensino do estado do Amapá. Trata-se de um estudo exploratório de natureza qualitativa que adotou a pesquisa bibliográfica, a análise documental e a entrevista como forma de investigação. O texto é, ainda, resultado de pesquisas do Grupo de Pesquisa Educação, Interculturalidade e Relações Étnico-Raciais, cadastrado no CNPq, e tem como objetivo identificar e analisar as concepções sobre as questões raciais no Brasil, em especial no Amapá, que sustentam as práticas pedagógicas e os discursos de professores, no desdobramento do currículo escolar, bem como avaliar suas possibilidades de enfrentamento ao racismo.

Moisés de Jesus Prazeres dos Santos Bezerra e Eugénia da Luz Silva Foster, no texto *"Educação para as relações étnico-raciais no Amapá: análises e perspectivas"*, analisam como a educação para as relações étnico-raciais é vivenciada no estado do Amapá. As ponderações feitas pelos autores perpassam pela realidade do racismo no contexto da educação brasileira, pela relevância histórica da Lei n.º 10.639/2003 e pelas ações de resistência dos Movimentos Negros no país. Trata-se de uma pesquisa qualitativa, reflexiva e exploratória. Por meio de uma análise crítica sobre a educação para as relações étnico-raciais, os autores verificaram que, ao se tratar da implementação da legislação antirracista no Amapá, em especial a Lei n.º 10.639/2003, ainda há muito a ser feito, já que, mesmo passados vinte anos da publicação da referida Lei, constitui um desafio coletivo a superação do racismo, presente muitas vezes em práticas educativas.

No capítulo *"Trajetórias socioeducacionais de mulheres negras no Amapá: rompendo relações de poder"*, de autoria de Adaíles Aguiar Lima e Elivaldo Serrão Custódio, o objetivo é refletir acerca da trajetória socioeducacional de professoras negras na vila de Mazagão Velho, estado do Amapá. As análises a partir da perspectiva decolonial permitem-nos compreender as percepções dessas mulheres negras inseridas nos espaços sociais, seja na família, na escola, no trabalho, e de que forma as experiências pessoais marcaram, marcam e demarcam sua presença nesses espaços. Como escolhas metodológicas, os autores optaram pelo estudo de caso, através da pesquisa qualitativa narrativa, com observação direta e entrevista semiestruturada com sete professoras moradoras da vila de Mazagão Velho-AP. Os dados coletados foram tratados a partir da Análise do Discurso, que permitiu entender, através da linguagem, a interação entre as entrevistadas e o mundo em que estão inseridas, mostrando-nos que as trajetórias destas trazem marcas da colonização que permanecem firmes, mascaradas pelo colonialismo, mas que são diária e arduamente combatidas pela luta e resistência contra as diversas formas de preconceito, discriminação racial e de gênero em face da mulher negra.

Silvaney Rubens Alves de Souza e Eugénia da Luz Silva Foster, no texto intitulado *"Quilombo e memória: o projeto Identidade Cultural na escola David Miranda em Santana-AP"*, apresentam uma análise contextualizada desse projeto pedagógico, bem como o seu impacto para o fortalecimento do diálogo entre escola e a comunidade de remanescentes de quilombolas São José do Matapi, em Santana-AP. Trata-se de estudo de caso do tipo etnográfico, aliado a análise documental e entrevista semiestruturada com os atores sociais envolvidos. A pesquisa não só discute as atividades pedagógicas no processo de escolarização, mas apresenta os novos e importantes significados atribuídos à identidade quilombola, a partir do referido projeto. Os autores verificam que o projeto Identidade Cultural se destacou ao proporcionar ações pedagógicas inovadoras de caráter instituinte, tornando-se um contraponto à tradição epistemológica eurocêntrica de produção do conhecimento no processo de escolarização básica, fortalecendo a história e a memória coletiva dessa comunidade em sua luta por reconhecimento na contemporaneidade.

O capítulo intitulado *"O negro na comunicação: estereótipos racistas"*, de autoria de Jacks de Mello Andrade Júnior e Eugénia da Luz Silva Foster, discute sobre a presença do racismo nas imagens do negro estereotipadas transmitidas pela mídia em anúncios e programas de naturezas diversas. O artigo é fruto de pesquisa bibliográfica de cunho exploratório, além de análise de peças publicitárias divulgadas em diferentes veículos, incluindo jornais da época da escravidão legalizada no Brasil, como forma de demonstrar o tratamento do negro como mercadoria, em um processo de desumanização que ainda pode ser constatado nos estereótipos presentes nos dias atuais. Os dados revelam que os estereótipos reforçam o racismo no Brasil e acabam por interferir na construção da própria identidade racial dos grupos na sociedade. Além disso, é imperioso que os profissionais que atuam nos meios de comunicação de massa tomem consciência de sua influência social e deixem de reforçar os diversos estereótipos que contribuem para a discriminação racial no país.

No texto *"Resistências religiosas afro-brasileiras: o caso do ILÉ ASÉ NI BABA KIJÁ em Ananindeua-PA"*, Vaniely Corrêa Barbosa e Eugénia da Luz Silva Foster objetivam elencar as práticas de resistências religiosas afro-brasileiras no contexto Amazônico, mas especificamente no estado do Pará, cidade de Ananindeua. Para tanto, realizaram uma pesquisa qualitativa, a partir de entrevistas e registros fotográficos, além das pesquisas bibliográficas. O trabalho instiga o combate à invisibilização e à ideia de passividade mórbida dos negros, construída durante seis séculos desde a invasão colonial em 22 de abril de 1500. Além disso, a pesquisa busca compreender a trajetória histórica dos negros no Brasil, assim como sua contribuição para a cultura brasileira, culminando em suas manifestações religiosas, como resultados de resistências contra sua desqualificação e desmonte cultural. Os dados revelam que os elementos que constituem o seu patrimônio cultural são resultados de uma constante resistência, diante de muitas lutas pela visibilidade, e que as religiões afro-brasileiras, como o Candomblé e a Umbanda, assim como o Terreiro *ILÉ ASÉ NI BABA KIJÁ* em Ananindeua-PA, estão aí para mostrar essa resistência, discordando de quem defende uma passividade mórbida vinda dos negros no decorrer da história do Brasil.

Por fim, no capítulo intitulado *"Patrimônio cultural imaterial e religiosidade: as celebrações em Mazagão Velho no Amapá"*, as autoras Alene Chagas da Silva e Eugénia da Luz Silva Foster discutem sobre os bens culturais que compõem a celebração das festividades em Mazagão Velho, no estado do Amapá, descrevendo seu valor histórico, cultural e religioso. A pesquisa busca ainda analisar o contexto histórico-cultural-religioso dessa comunidade, que possui um riquíssimo patrimônio arraigado em suas tradições religiosas e culturais, que se estende por quase dois séculos e meio e que até o presente momento possui poucos registros escritos. Trata-se do resultado de um estudo exploratório de natureza qualitativa que adotou a pesquisa bibliográfica, a análise documental e a entrevista como forma de investigação. Os dados revelam que a preservação dos bens culturais imateriais representados pelas devoções aos Santos em Mazagão Velho pode significar a valorização da identidade social, da memória e das tradições religiosas dessa comunidade.

Pelo exposto, este livro apresenta uma coletânea de artigos que sinalizam os resultados das pesquisas que têm sido realizadas em âmbito nacional, em especial no estado do Amapá, com foco na análise de questões relacionadas à Educação para as Relações Étnico-Raciais e nas ações desenvolvidas nas escolas de Educação Básica, Graduação e Pós-Graduação.

Desse modo, convidamos todos para a apreciação das produções com o ensejo de que estas possam contribuir para a ampliação e o fortalecimento das discussões sobre a Educação no estado do Amapá, de modo que os conhecimentos advindos das leituras realizadas sejam incorporados nas ações e práticas de ensino; bem como na pesquisa e extensão que serão desenvolvidas no âmbito da Universidade e da Educação Básica.

Elivaldo Serrão Custódio
Líder e fundador do Grupo de Estudos e Pesquisas em Etnomatemática, Cultura e Relações Étnico-Raciais (Gepecrer-Ueap).
Universidade do Estado do Amapá (Ueap).

CAPÍTULO 1

RELAÇÕES QUE PROMOVEM E REPRODUZEM A DESIGUALDADE E O RACISMO NO BRASIL

Antônio Eugênio Furtado Corrêa
Eugénia da Luz Silva Foster
Elivaldo Serrão Custódio

INTRODUÇÃO

A história das relações sociais entre os diversos grupos étnicos que compõem a nação brasileira é registrada numa extensa literatura resultante de pesquisas científicas, de romances e de outros tipos de registros abrangendo o período que vai desde a chegada dos europeus às terras do Novo Mundo até as primeiras duas décadas do século XXI.

Há inúmeros registros das violências que permearam as interações entre nativos e europeus, que depois incluíram os africanos escravizados e seus descendentes, e que se reproduzem ao longo da história. Para muitos dominados e expropriados essas violências não ficam evidentes por conta da carga ideológica que os leva a aceitar a ideia de fatalidade ou ainda a ideia de que as relações entre esses grupos étnico-raciais configuram, de fato, uma democracia racial.

Diante desse contexto, o presente trabalho apresenta vários registros dessas violências materializadas nas relações interpessoais e institucionais, demonstrando que a desigualdade social imposta, desde o início da invasão, e o racismo ajudaram a estruturar a sociedade brasileira nos diferentes períodos da história nacional consolidando uma ordem sociopolítica que se reproduz em círculo num efeito retroativo, onde se vislumbra o princípio sistêmico-organizacional da retroação numa perspectiva complexa (Moraes; Valente, 2008). Assim, de forma disfarçada ou explícita, os negros, os indígenas e os brancos empobrecidos enfrentaram e enfrentam barreiras que os mantêm, até hoje, na posição de subalternos e inferiorizados.

Toda essa percepção da exploração e marginalização desses grupos minoritários possibilita uma reflexão acerca da existência de relações que promoveram, estruturaram e reproduziram a desigualdade e o racismo no Brasil. A presença dessas relações, na atualidade, segue entranhada nas instituições sociais, nos corpos dos indivíduos, inclusive dos explorados, até certo ponto camuflada por ações de negação da própria sociedade brasileira.

Assim, o objetivo do artigo é refletir sobre relações sociais que promovem, produzem e reproduzem a desigualdade social e o racismo entre os grupos que compõem a nação brasileira, onde brancos de origem europeia com poder econômico e político continuam exercendo o domínio e a expropriação dos negros, dos indígenas e dos brancos empobrecidos. O resultado do estudo fortalece a tese de que o racismo e a desigualdade social são estruturais no Brasil, o primeiro como estratégia e o segundo como repercussão e critério de distribuição de direitos e privilégios.

A intenção na coleta de registros de ações discriminatórias não foi quantificar, mas pesquisar a ocorrência dessas ações nos mais diversos espaços de interação social, visto que o problema foi questionar sobre a desigualdade social e o racismo entranhados na sociedade brasileira por meio da normatividade imposta e das interações interpessoais, dentro do tema mais geral do processo de dominação e expropriação que caracterizam a afinidade de propósitos entre os invasores portugueses e a elite econômica brasileira da atualidade. O entrelaçamento do racismo e da desigualdade social se explicita com a constatação de que os mais atingidos com as piores condições de vida no Brasil são os negros e os indígenas.

Dentro do campo da bibliografia composta de livros, artigos e teses acadêmicas referentes ao tema da desigualdade social e do racismo na história do Brasil, foram escolhidas aleatoriamente fontes de onde se extraíram registros e informações para a construção do artigo. À medida que se encontraram registros que pudessem mostrar relações de promoção, produção e reprodução da desigualdade social e do racismo em determinado espaço temporal e social, passou-se a pesquisar outros espaços-tempos da vida social no Brasil, na mesma ou em outra fonte bibliográfica.

A exploração do tema deu-se concluída com a coleta de registros e informações que demonstraram a presença das relações pesquisadas em variados espaços sociais e tempos históricos de modo a se constatar o caráter estrutural e disseminado na sociedade brasileira. Assim, foram definidos três tempos históricos para orientar a coleta: o colonial, o monárquico e o republicano.

A INVASÃO DA AMÉRICA PARA FINS DE EXPROPRIAÇÃO E A NEGAÇÃO DO OUTRO

Desde o início da invasão europeia, os povos nativos do Brasil, e depois os africanos que foram trazidos escravizados, experimentaram com os europeus relações de dominação por meio da escravidão e do racismo. As relações de dominação contribuíram para organizar o território ocupado cravando nele as instituições coloniais do Estado metropolitano português. Tal organização evoluiu de forma conservadora mantendo a relação básica de expropriação nos períodos monárquico e republicano que vieram em seguida.

Para efetivar a dominação, os portugueses usaram de forma intensa seu aparelho repressivo massacrando etnias nativas rebeldes e subjugando outras para o trabalho escravo e para auxiliá-los na investida contra outros grupos étnicos ou indivíduos resistentes. Ao mesmo tempo em que reprimiam com armas e outros meios, os portugueses elaboravam e refinavam suas armas ideológicas para que os dominados aceitassem sua situação de expropriados. A investida contra os povos nativos brasileiros, iniciada com a invasão, continuou sendo perpetrada pelas novas elites econômicas que foram assumindo o poder político no Brasil.

Da população de cinco milhões de indígenas habitando o Brasil no ano de 1500, restaram, segundo o censo do Instituto Brasileiro de Geografia e Estatística (IBGE) em 2010, cerca de 890 mil indígenas, com 360 mil vivendo nas zonas urbanas (Brasil, 2011). Para Gomes (2012, p. 17), foram extintos, "calcula-se, mais de cinco centenas de povos específicos, de etnias e culturas humanas produto de milhares de anos de evolução e adaptação ao ambiente físico e social em que viviam". Essa realidade que atingiu os povos nativos levou Gomes (2012, p. 16) a escrever que:

> Independentemente do período histórico — seja colônia, monarquia, república, ditadura ou democracia —, nota-se sempre a má sina dos índios: pressões sobre suas terras, desleixo com sua saúde e sua educação, desrespeito, injustiça e perseguições que sofrem, vindas de todos os quadrantes da nação (inclusive, suspeitamos, do nosso próprio íntimo derrotista). Poderíamos facilmente chegar à conclusão de que não há lugar no Brasil para os índios.

Se durante muito tempo em algumas regiões do Brasil os nativos serviram, e ainda servem, para a estratégia de justificar o domínio territorial da metrópole portuguesa, do império e finalmente da república, nas fronteiras do avanço capitalista os indígenas foram expropriados de suas terras e riquezas e eliminados física e culturalmente enquanto grupos étnicos, para atender ao projeto da elite branca e rica associada ao capitalismo internacional.

Fazendo um recorte narrativo pode-se retomar a história a partir do início do século XVI quando se registrou uma guinada histórica que colocou a Europa na condição de protagonista privilegiada de uma forma específica de organização e de produção econômica denominada *modo de produção capitalista* inaugurando novas formas de relação dos humanos entre si e com o meio ambiente que marcam o estágio hegemônico atual da evolução da espécie e da vida no planeta.

As aventuras europeias em águas oceânicas decorreram dos condicionamentos histórico e geográfico dos europeus, com sua incapacidade militar de superar o confinamento imposto pelo império otomano no século XV e a localização do continente na vertente do Atlântico, o que facilitou a chegada ao novo continente e a exploração do potencial econômico das terras do Novo Mundo. A ambição da elite feudal do Estado português em construção foi também fator importante para a expansão do império português.

Quando chegaram ao Novo Mundo os europeus encontraram grupos humanos habitando o território de onde passaram a extrair riquezas da flora, da fauna, minerais e força de trabalho e no qual implementaram escravidão e genocídios. Concomitantemente, participavam da construção de novas sociedades dando como contribuição suas virtudes e seus vícios, suas vivências, enfim, sua cultura. A atividade colonizadora dos europeus teve como uma das consequências a transferência de riquezas de diversos lugares do planeta para a Europa. Esse acúmulo de riqueza possibilitou alterações políticas naquele continente levando à formação e consolidação do capitalismo (Quijano, 2000).

O novo modo de produção baseado na mais-valia, extraída do trabalho assalariado, não eliminou formas não assalariadas de produção de bens, mas as incorporou ao novo modo de expropriação e de acumulação, ou seja, a sociedade capitalista nascente, considerada ideologicamente formação econômica superior, usou intensamente a escravidão indígena e africana na América, não apenas para acumulação primitiva do capital, mas como complementação no processo mais amplo de expropriação.

Segundo Quijano (2000), na concepção eurocêntrica houve uma sequência histórica desde o sistema de trocas, da escravidão, passando pela servidão até a mercantilização da força de trabalho. Assim, nem o colonialismo, nem a escravidão, nem o racismo e tampouco os regimes ditatoriais contemporâneos mostraram-se incompatíveis com o modo de produção capitalista, ainda que o regime de assalariamento tenha se tornado dominante, o que facilitou a ampliação do mercado consumidor e consolidou a nova forma de expropriação por meio da mais-valia.

Formas atávicas e modernas de expropriação coexistem e servem à acumulação nas sociedades capitalistas até hoje. Em pleno século XXI, o trabalho análogo ao de escravidão que ocorre no campo e nos centros urbanos, as grilagens de posses camponesas, as invasões de terras indígenas, as guerras promovidas para acesso a recursos naturais e as ditaduras liberais-capitalistas que reprimem as reivindicações trabalhistas facilitam a expropriação mediante compressão salarial. Essas diversas formas de expropriação coexistem com o capitalismo.

O EUROCENTRISMO COMO JUSTIFICAÇÃO E O RACISMO COMO ESTRATÉGIA DE DOMINAÇÃO E EXPROPRIAÇÃO

O desenvolvimento da ciência e do conhecimento geral, de forma concomitante com o expansionismo colonial europeu, resultou em novos conhecimentos a respeito da natureza humana e da organização do mundo material levando a reformas no modo de perceber e de conceber a vida, o ser humano, a matéria e de reconhecer fenômenos que interagem e constituem a realidade denominada universo. Tais reformas produziram o estágio atual nos diversos campos do conhecimento e possibilitaram a geração de tecnologias utilizadas na medicina, na química, na biologia, na navegação, na comunicação, na produção de alimentos e de outros bens para o uso humano. Essas reformas criaram também concepções sobre a humanidade levando a novas teorias explicativas da natureza e do comportamento humano.

Sempre imbricadas nas formas de produzir as condições materiais de existência, as teorias sobre a natureza humana nos últimos cinco séculos no Ocidente ajustaram e ajustaram-se aos sistemas em processo de entrelaçamento: o econômico emergente (capitalismo), o político (liberalismo) e o religioso (cristianismo), consolidando uma ideologia com lugar privilegiado para os seus *costuradores*, os europeus.

Com relação à América foi produzido, a partir da Europa, o racismo, decorrente da ideologia que justificou a superioridade dos dominadores e em consequência a organização do trabalho e da cultura com vistas à expropriação, que passou a ser aceita pelos dominados mediante intensa repressão (Quijano, 2000). Assim, no processo de dominação europeia construções ideológicas foram constituídas tendo como base a ideia de raça para assegurar o controle sobre os colonizados e a aceitação destes das relações que beneficiaram os europeus.

O processo colonizador europeu nas Américas trouxe para as terras invadidas o modelo hierarquizado de sociedade e a cultura de privilégios e de exploração do trabalho alheio. Assim, nesse modelo estruturaram-se as colônias e se desenvolveram relações de produção e comerciais entre os nativos e os europeus, principalmente espanhóis, portugueses, irlandeses, holandeses, ingleses e franceses.

A nova realidade gerada com a submissão dos povos americanos, africanos e asiáticos decorrente da expansão europeia no planeta levou à construção da visão etnocêntrica e racista que ideologicamente passou a justificar a imposição dos valores europeus aos dominados com a finalidade principal de expropriação do fruto do trabalho destes e de outros recursos existentes no território invadido. Diziam os europeus serem agentes de uma missão civilizatória e de salvação espiritual dos povos dominados.

As ideias racistas passaram a integrar os diversos aspectos da vida social gerando direitos e privilégios, assim como critérios para sua distribuição, estendendo-se pelas instituições e participando da construção das subjetividades. Uma das elaborações teóricas para fortalecer ideologicamente a superioridade intelectual e moral dos europeus, e assim justificar sua dominação sobre outros povos, foi o reforço da separação entre civilizados e bárbaros ou animalizados, entre os que tinham espírito e os que não o possuíam, sendo apenas corpos. Nessa elaboração o espírito foi colocado em posição hierárquica superior ao corpo e tornado um atributo da identidade europeia (Souza, 2017).

Na esteira desse modo de pensar foi promovida e, ao mesmo tempo, fortaleceu-se a hierarquização dos povos, dos países, das classes sociais e das raças. "As classes superiores são as classes do espírito, do conhecimento valorizado, enquanto as classes trabalhadoras são do corpo, do trabalho braçal e muscular, que as aproxima dos animais" (Souza, 2017, p. 21).

No Brasil, essa ideia colocada na prática levou à defesa do assalariamento apenas dos brancos porque os indígenas e os negros, como raças inferiores, tinham obrigação moral de trabalhar para seus senhores sem compensação de ordem financeira. Ao mesmo tempo as tarefas executadas por indígenas e negros tornaram-se aviltantes para a elite branca e opressora. Segundo Samara (1993, p. 37), "A necessidade de mão-de-obra e o desprezo pelo trabalho manual estabeleceram vínculos e justificaram a sua presença [de negros escravizados] nas áreas rurais e urbanas". Para reduzir a resistência dos dominados, os europeus produziram e disseminaram o mito de sua superioridade.

A burguesia europeia emergente insaciável pelo poder alimentava a guerra fratricida naquele continente, e unia-se no discurso etnocêntrico para justificar seu direito de tutela e de expropriação dos povos de outros continentes. Nesse sentido o questionamento inicial era se os recém-descobertos pertenciam à humanidade, ou seja, se tinham alma, que era o critério essencial para tal aferição segundo o cristianismo dominante e com forte poder político (Laplantine, 2003).

Com respeito ao Novo Mundo, apesar de opiniões elogiosas sobre o potencial das terras e de seus povos nativos, o que prevaleceu foram as ideias que duvidaram ou negaram um caráter civilizatório ou mesmo a viabilidade civilizatória do Novo Mundo com seus povos originários. Ao mesmo tempo autoridades do conhecimento, como religiosos e filósofos, seguiram dando corpo a teses racistas e preconceituosas de modo geral.

As ideias racistas, apesar de refutadas empírica e teoricamente no século XX, continuam persistindo nas mentes dogmáticas, conservadoras e obscurantistas, atraindo demagogos e arregimentando ignorantes em pleno século XXI. Os estereótipos construídos para discriminar nativos asiáticos, africanos e americanos persistem ao longo de mais de cinco séculos sendo comum encontrá-los nas palavras e atitudes de pessoas de várias partes do planeta. Ainda que algumas situações tenham sido observadas na história de alguns povos, como a falta da escrita, tais circunstâncias não significam uma incapacidade cognitiva. Tampouco caracterizam uma subespécie humana para as teorias científicas atuais.

No século XV, e daí para a frente, na linha de construção de um conhecimento sobre o território e sobre os povos do Novo Mundo, os europeus conceberam tais nativos como: povos inferiores; selvagens; bárbaros; brutos; preguiçosos; ladrões; sem valores religiosos e morais; sem alma; sujos etc. Para fortalecer o discurso europeu racista e etnocêntrico foi retomada a ideia cultivada desde os gregos de que a Terra estava dividida em duas partes: de um lado a estupidez, onde vegetavam os seres ali existentes, e do outro lado a humanidade onde viviam os europeus. E assim, com uma grande carga de estigmas e de preconceitos, foi construída a percepção europeia a respeito dos povos não europeus, percepção que estruturou ideologicamente a colonização e as relações com os povos dominados.

RACISMO, IDEOLOGIA E EXPROPRIAÇÃO DE NEGROS E INDÍGENAS NO BRASIL E CONSOLIDAÇÃO DA ESTRUTURA RACISTA

No Brasil o trabalho intenso de intelectuais conservadores cuidou de estigmatizar os não brancos e estereotipar suas culturas, ação que até hoje perdura. Indígenas e negros que fugiam da escravidão foram chamados de vagabundos, assim como o são os trabalhadores atuais que reivindicam maior parcela no resultado do trabalho que realizam. Essa estrutura permanece intacta e funcionando em todos os espaços da sociedade, produzindo seus efeitos deletérios na vida pessoal e da nação brasileira. Referindo-se diretamente aos negros e à função social do racismo, Fernandes (1989, p. 36) escreve:

> A questão de ser o racismo institucional ou camuflado possui menor importância do que ele representa na reprodução da desigualdade racial, da concentração racial da riqueza, da cultura e do poder, da submissão do negro, como 'raça', à exploração econômica, à exclusão dos melhores empregos e dos melhores salários, das escolas, da competição social com os brancos da mesma classe social etc., e à redução da maioria da massa negra ao 'trabalho sujo' e a condição de vida que confirmam o estereótipo de que 'o negro não serve mesmo para outra coisa'.

Os estigmas e estereótipos construídos pelos brancos para marcar e excluir socioeconomicamente indígenas, africanos e os descendentes mestiços foram acompanhados de medidas institucionais e de práticas no seio da sociedade civil para reforço da exclusão. Desde o início da invasão e da colonização, tais práticas sociais foram comuns e reiteradas atingindo inclusive indivíduos europeus que ousavam defender indígenas ou negros.

A força bruta, entretanto, foi a que sempre prevaleceu. Segundo Silva (1990), entre os direitos do capitão-donatário estava o de escravizar e mandar vender em Portugal índios capturados na colônia. A implacável guerra de invasão colonial tem registros de deslocamento de indígenas para o interior do território fugindo das garras dos colonizadores portugueses ou mesmo de genocídios com aval da sociedade colonial (Gomes, 2012). A história da invasão e da colonização da América também registra a guerra biológica utilizada pelos europeus para assassinar os nativos brasileiros e enfraquecer seu espírito de luta na defesa de seus territórios e de suas próprias vidas.

Na guerra ideológica, o racismo constrói narrativas para tornar a história favorável a determinado grupo. Silva (1990) cita como exemplo desse tipo de ação o filme inglês *Zulu*, de 1964, dirigido por Cy Endfield, cujo roteiro relata a resistência de militares ingleses ao ataque de guerreiros zulus. O ano era 1879, e a Inglaterra travava guerra de invasão colonial contra o reino Zulu. No filme os negros protagonizam os selvagens e assassinos enquanto os brancos ingleses são as vítimas. Assim, foi mantido e reforçado um simbolismo da África e da América como continentes com seres de humanidade questionável, bárbaros, incapazes de avanços civilizatórios rumo à europeização, o ápice civilizacional na visão eurocentrista. Almeida (2020) sente o peso da ideologia para o disfarce da desigualdade racial (e social) e para ocultação dos mecanismos que sustentam essa mazela.

No caso do Brasil, mas valendo para todo o processo colonialista europeu, somente escondendo do relato histórico a construção da sociedade colonial com suas atrocidades, espoliação, marginalização e exclusão social é possível torcer a história para contá-la como tarefa de humanização dos invasores e colonizadores. Sem escrúpulos, inclusive de princípios (religiosos, morais), todos os mecanismos e meios possíveis foram usados para consolidar a invasão e manter a dominação.

Freyre (2004) relata o racismo que atingia os mestiços que conseguiram superar barreiras raciais alcançando postos de militares e grau de bacharéis. Esperando ingressar no universo social da elite branca, esses indivíduos sentiram a força do racismo. Entre vários relatos, três são emblemáticos da realidade racista. Em um deles Freyre cita o rebaixamento de um miliciano índio feito pelo marquês de Lavradio pelo fato de o miliciano ter se casado com negra.

A mesma lógica de discriminação e exclusão permaneceu orientando a ação das elites depois de alterado o *status* de colônia para o de Império. Lê-se no texto constitucional do império brasileiro que os pobres, os escravizados, os libertos e os que não professassem o cristianismo, a religião oficial do Estado imperial, estavam excluídos da gestão deste (Brasil, 1824). Nota-se ainda que aos escravizados mesmo depois de libertos continuava sendo negado o direito à cidadania. A repressão aos negros e o combate ao abolicionismo também eram realizados por meio dos jornais aliados dos escravocratas.

Prudente (1989) tratando da questão jurídica dos negros na colônia e no império mostrou o tratamento desigual que sempre manteve os negros em situação de inferiorização, de exclusão e de repressão. Ao comparar as diferenças de tratamento entre negros escravizados e imigrantes, a autora expôs que o Direito brasileiro exerceu funções distintas com referência aos dois grupos: Leis Imigratórias e Leis Escravistas. À medida que ganhou importância econômica o trabalho dos africanos escravizados, e depois dos imigrantes, a história oficial criou um vazio quanto à participação dos indígenas, apesar das ações públicas e privadas ficarem fortemente ligadas ao avanço sobre seus territórios.

Contudo, os genocídios e a escravização, apesar de proibida, continuaram a ser perpetrados por fazendeiros e latifundiários. Em pleno século XX ouvem-se nas regiões Norte e Nordeste relatos de que indígenas, principalmente do sexo feminino, foram sequestradas de suas aldeias para serem serviçais nas zonas urbanas. E os assassinatos de indígenas por questões ligadas à terra continuam a fazer parte do noticiário nacional.

A mudança de *status* político do Brasil, com inauguração da República em 1889, não se refletiu em promoção para a inclusão dos negros e dos indígenas. Referindo-se à situação dos negros, Dantas (2012, p. 88) escreveu: "o que a população negra viu nas primeiras décadas republicanas foi a consolidação de projetos sócio-políticos excludentes e a ideia de raça se fortalecer como critério de classificação social e justificativa para a desigualdade". Assim, o racismo secularmente introjetado na sociedade brasileira manteve-se incólume reproduzindo a desigualdade social e a violência étnico-racial.

> Os negros brasileiros muitas vezes não podiam frequentar bares, hotéis, clubes e salões de baile. Também enfrentaram restrições no acesso a instituições educacionais públicas e privadas, entraves para assumir cargos públicos ou vagas conquistadas em concursos públicos, além de intimidação e violência policial, estando expostos a formas de tratamento racialmente desiguais, como se a escravidão ainda existisse (Dantas, 2012, p. 88).

Em 1894, início da República, pais reclamaram da discriminação na escola que atingia seus filhos não brancos (Veiga, 2016, p. 294) "[...] seus filhos são destratados pela professora que prodigaliza o desprezo aos que não vestem a pelle branca e que não dissimula o desprazer que experimenta em tratar com meninos de cor e de cabello ruim! [...]".

Outro relato, sem data, registrado por Veiga (2016) expressa o racismo na manifestação de um inspetor de escolas. O agente público racista demonstra desprezo pelos negros que não conseguiram superar as barreiras sociais impostas e expressa ódio pelos que ousaram desafiar a normalidade social:

> A professora é uma preta boçal, sirpinamente [sic] ignorante, quase sem inteligência [...]. Para o cumulo desta desgraçada instrução primária a mestra é normalista titulada pela Escola Normal de Ouro Preto. Nunca encontrei uma professora tão sem inteligência! Admiro pasmo como é que esta preta conseguiu titular-se pela Escola Normal da Capital [...] (Veiga, 2016, p. 295).

Em outro excerto recolhido por Veiga (2016) tem-se o relato de um ex-estudante de escola pública em Minas Gerais sobre suas memórias no ano de 1910. O relato foi publicado na *Revista do Ensino*, ano IX, n. 198, jan.-mar. 1951, p. 23:

> Outro fato que me intrigava naquela época era a desigualdade social. Filhos de pais que exerciam profissões "mais nobres" não gostavam de relações com os colegas filhos de operários e de lavradores, muito embora existisse certa "aristocracia" rural. O preconceito, então, contra os pretinhos era muito grande. Ninguém gostava de ficar perto dos poucos que frequentavam a escola (Veiga, 2016, p. 272–273).

Em sua ação deletéria o racismo cria obstáculos para o acesso de suas vítimas aos bens sociais entrelaçando-se a outras estratégias de discriminação social e de expropriação econômica que atingem pretos, pardos, indígenas, e alguns brancos empobrecidos. Para tal discriminação e exclusão as instituições da elite conservadora e o Estado sob seu controle agem de forma concatenada, violentando individual e coletivamente os dominados.

Dantas (2012) também identificou o preconceito e o racismo na área da saúde pública onde, segundo a autora, as autoridades do início da República priorizavam o combate a doenças que atingiam os imigrantes em detrimento daquelas que atingiam fortemente os negros, como a tuberculose. Além disso, os lugares onde morava a parte mais pobre da população eram olhados como antros de promiscuidade, cheios de vícios e perigosos para a saúde pública.

Fazendo uma leitura das disputas no campo da elite branca com seus projetos que resultaram na República, Fernandes (1989, p. 14) concluiu que nem o branco "rebelde" nem a República "enfrentaram a descolonização, com a carga que ela se impunha, em termos das estruturas raciais da sociedade. Como os privilégios construídos no período escravista, estas ficam intocáveis e intocadas".

No âmbito do Estado brasileiro decisões fundadas em critérios estritamente subjetivos, discriminatórios, racistas foram tomadas para excluir grupos sociais, como no fato citado em Rodrigues (2008), que verificou a prática discriminatória e racista na formação do oficialato do exército brasileiro nas décadas de 1930 e 1940, negando acesso a negros e a outros grupos ideologicamente discriminados. Assim, os negros foram impedidos de tornarem-se oficiais do Exército não porque não fossem capazes físico-intelectualmente de exercer as atribuições do cargo, mas porque eram negros. É pertinente destacar que essa prática se estendeu mesmo após o fim do Estado Novo. Em todos os espaços da vida social brasileira o racismo e a repressão se fizeram presentes como características das relações entre as elites econômicas brancas e os não brancos ou brancos empobrecidos.

No início da década de 1960 a mobilização dos trabalhadores reivindicando das elites ricas uma reforma agrária que desconcentrasse as terras e lhes desse o direito legal de cultivá-las gerou incisiva reação dos setores da igreja católica aliados dos latifundiários (Moraes, 1989). Em defesa dos latifundiários os setores conservadores da igreja católica reagiram posicionando-se inclusive contra a orientação da Conferência Nacional dos Bispos do Brasil (CNBB).

Guimarães (2004) escreveu que no final de 1989 um comerciário, que se identificou primeiro como branco e mais tarde como pardo, foi preso em flagrante delito por ter ofendido uma mulher chamando-a de urubu, macaca e negra. O autor também constatou que alguns crimes de racismo acabam tipificados como outras condutas criminosas previstas na Lei federal n.º 7.716/1989 ou em outras leis penais. Em seu trabalho, Guimarães (2004, p. 89) se utiliza de "547 matérias publicadas entre 1989 e 1994 sobre queixas de discriminação racial, registradas por 44 jornais diários e 2 revistas semanais, editados em 20 cidades brasileiras de 14 estados da federação". A partir desse material Guimarães identifica o racismo, a restrição de direitos e a discriminação racial corrente no Brasil no período pesquisado. Esses fatos, juntamente com outros que atingem pretos, indígenas, pardos, pobres e mulheres, continuam aparecendo com frequência nos noticiários nestas duas primeiras décadas do século XXI.

Hasenbalg (1979) fez um levantamento de 48 registros de discriminação racial e racismo noticiados pela imprensa no período de 12 de setembro de 1968 e 6 de setembro de 1977, dentre os quais 13 foram selecionados, mostrando a variedade de formas, meios e lugares onde o racismo se expõe. A simples condição da cor negra foi — e ainda hoje é — motivo para a segregação social. Hasenbalg (1979) percebe uma ação sistemática massacrando os negros de todas as formas possíveis, vindas de diversos espaços sociais e de diversos agentes públicos e da sociedade civil, inclusive de sujeitos negros. No caso dos negros, Paula (2003, p. 194) afirma que "a auto-rejeição" não indica racismo dos negros, mas revela que os negros, não suportando o sofrimento que o racismo lhes impõe, tentam encontrar meios que possibilitem neutralizar sua negritude".

Para esses grupos marginalizados de indígenas e negros, a cor, a miscigenação, a cultura e o modo de vida, inclusive sua solidariedade, são referidos ideologicamente pelas elites opressoras e seus agentes como atraso civilizatório e motivos de sua situação de pobreza, de sua incompetência intelectual e de sua suposta propensão à desonestidade e à corrupção. De tanto serem estigmatizados com atributos depreciativos, os oprimidos acabam reproduzindo a violência introjetada.

Alguns oprimidos, na situação de alienados, são incapazes de perceber a estrutura e a ordem opressoras. Assim, tentam, por dentro dessa estrutura, encontrar saída para livrarem-se dos estigmas impostos pela elite em função da sua cor não branca ou da sua situação social de pobre. Então fazem de tudo para se parecerem com os padrões das classes dominantes.

RACISMO, DESIGUALDADE SOCIAL E POLÍTICAS PÚBLICAS

Enquanto disseminam o discurso de combate à corrupção (que elas mesmas perpetram), e ao racismo, as elites continuam a promover a concentração da riqueza e a desigualdade socioeconômica. O fenômeno recente da "Lava Jato" é um exemplo do uso do aparelho de Estado no processo de expropriação (Souza, 2017). Foi nesse contexto, sob a égide do capitalismo e do ideário liberal que entrelaça racismo, corrupção e expropriação, que a nação brasileira foi (e continua) sendo construída, reproduzindo de forma cada vez mais agravada a exclusão econômica e social dos cidadãos de fora do grupo proprietário, alijando-os sistematicamente do usufruto legítimo da riqueza social.

De modo geral, os excluídos são também submetidos a uma ideologia que sustenta tal realidade excludente por meio do estímulo à competição, que está presente em todos os espaços da vida moderna, a começar pela família e pela escola. Quer dizer, "é necessário, para quem domina e quer continuar dominando, se apropriar da produção de ideias para interpretar e justificar tudo o que acontece no mundo de acordo com seus interesses" (Souza, 2017, p. 25).

Para Souza (2017), as instituições exercem forte influência na construção dos sujeitos, iniciando na família, com os olhares de aprovação e reprovação sobre a criança, indicando os comportamentos desejáveis ou não. A imposição de horários, por exemplo, também faz parte do processo de socialização, visando à disciplina. Outra instituição, a escola, aprofunda a socialização iniciada na família, construindo socioculturalmente o cidadão inserido e engajado na reprodução do modo de vida hegemônico.

No final do século XIX, com o início da formação de uma classe trabalhadora urbana ligada à nascente industrialização no Brasil, e com a chegada de imigrantes europeus, alguns com experiência de lutas operárias na Europa, o Brasil experimentou mais intensamente as jornadas reivindicatórias dos trabalhadores por melhores salários, jornada diária de oito horas, salubridade nos locais de produção, segurança previdenciária e combate à exploração de crianças, entre outras reivindicações.

As elites econômicas reagiram a essas mobilizações com repressão privada e estatal mediante demissões, perseguições e assassinatos. Uma legislação repressiva e controladora foi produzida pelo Estado. O poder judiciário também sob controle das elites agiu (e ainda age) com todo o rigor possível para reprimir e impedir as lutas e as vitórias dos trabalhadores que buscavam o direito ao usufruto da riqueza gerada com o próprio trabalho. Numa sociedade estruturada para gerar expropriação e desigualdade social, o sistema repressivo implementado pela polícia e pelo judiciário é pilar de sustentação do regime.

Igual repressão e expropriação por parte das elites brasileiras sofreram os trabalhadores do campo e as nações indígenas, envolvendo expulsões, assassinatos e genocídios por parte dos latifundiários. Portanto a história do Brasil sob a ótica dos trabalhadores é a história da expropriação e da exclusão destes dos ganhos sociais gerando, por outro lado, uma elite corrupta, violenta, concentradora da riqueza nacional e inescrupulosa.

O senhor, o patrão, enquanto expropria e enriquece continua chamando o trabalhador, que é o produtor de fato da riqueza, de vagabundo, incapaz, para que este não perceba o real motivo de sua exploração e de sua pobreza. O explorador faz o explorado aceitar essa condição atribuindo-a à sua incompetência natural ou até mesmo a um deus que opera a prosperidade apenas para alguns escolhidos.

Os estudos realizados pelo IBGE mostram que durante o século XX o Produto Interno Bruto (PIB) cresceu cem vezes. Tais estudos revelam também que o crescimento não repercutiu positivamente no conjunto da sociedade (IBGE, 2006). No início do século XXI o que se constatou foi um significativo contingente de pessoas desempregadas ou subempregadas, numa economia, tanto no meio urbano como no meio rural, com grau crescente de tecnologia da automação, o que acentuou o declínio na criação de empregos apesar dos ganhos de produtividade.

No período estudado pelo IBGE, referente ao século XX, houve intenso processo de urbanização, mas o contingente que foi expulso do campo não foi absorvido pelos empregos urbanos gerados. Por outro lado, as terras tornaram-se mais concentradas aumentando o número de latifúndios (IBGE, 2006). O desenvolvimento brasileiro ao longo de cinco séculos de história somente serviu para o bem-estar de uma minoria.

E essa realidade excludente continua sendo reforçada pela ideologia de que os proprietários privados precisam ganhar mais para manter os investimentos necessários ao crescimento econômico do país. Nesse sentido legitima-se o Estado estruturado para que a renda nacional continue fluindo para a posse e controle de um pequeno grupo cujo objetivo é apenas obter e aumentar lucros, e não desenvolver a nação econômica e socialmente. O altruísmo da elite rica e branca vai até o limite do não comprometimento de seus lucros maximizados e outros ganhos patrimoniais. Ou seja, da parte da elite até a solidariedade é condicionada à ampliação de seus negócios e do lucro.

Com discurso da necessidade de poupança e de aporte de vultosos recursos para implantar projetos de infraestrutura e de promoção do desenvolvimento econômico (Barquero, 2001), a elite brasileira justifica ideologicamente a concentração e o *crescimento do bolo* em suas mãos, tirando esse papel desenvolvimentista do Estado, uma instituição mais permeável à pressão da sociedade ainda que, de fato, esteja controlado pelas elites econômicas.

No liberalismo brasileiro o Estado arrecada e transfere para os ricos vultosos recursos financeiros e patrimoniais por meio dos tributos, onde os mais pobres são os que, proporcionalmente, mais contribuem para alavancar empresas e bancos privados tornando também privada a riqueza que moralmente pertence à nação inteira se for tomado como princípio distributivo o trabalho produtivo e o sujeito que o realiza. A concentração da riqueza aumenta o poder econômico das elites dominantes e reforça a submissão da sociedade aos seus interesses de classe.

Para perceber todo esse processo de expropriação é importante compreender o papel do Estado como legitimador e repressor a serviço da classe dominante. O Estado é uma instituição histórica gerada no processo de consolidação da desigualdade econômica entre os grupos de determinada sociedade (Engels, 1995) e sua função foi assegurar por meio da repressão uma ordem que favorecia e garantia privilégios ao grupo que detinha seu controle. Para o liberalismo o Estado foi criado para servir ao indivíduo, e assim concebem o Estado como uma instituição neutra. Na prática o que se percebe, de modo geral, são as instituições estatais privilegiando interesses políticos das elites econômicas, inclusive facilitando-lhes o acesso aos recursos públicos.

Assim, dependendo da forma como são escolhidos os agentes que ocupam as funções estatais de decisão, pode-se ter um Estado altamente favorável aos interesses dos grandes proprietários privados, como no caso do Brasil e nos demais países liberais. De qualquer maneira, na periferia do capitalismo a prevalência dos interesses privados como definidor das políticas estatais é evidente. Os detentores do poder econômico, que são também detentores do poder político, mantêm o Estado a seu serviço para viabilizar seus propósitos, tanto do ponto de vista individual como também coletivo, de grupo. E as políticas públicas, na prática, são privadas e em detrimento da sociedade como um todo (Santos, 2008).

Para justificar essa política de privilégios e expropriação, a elite faz o discurso do Estado (que ela mesma controla) corrupto e ineficiente, fatos esses reais, mas promovidos pelas próprias elites diretamente ou por meio de seus eleitos e indicados, que gerem as instituições, manipulam os recursos públicos, fiscalizam as próprias empresas, fazem as licitações, controlam os preços administrados, distribuem subsídios, financiam investimentos privados com custos aquém do mercado, perdoam dívidas de grandes sonegadores sabotando políticas distributivas do Estado e transferindo os recursos públicos para bolsos dos mais ricos. A organização estatal a serviço das elites econômicas ricas reforça e legitima sua ação de dominação e de expropriação sobre os demais grupos sociais.

Para complementar a estratégia de enriquecimento das elites brasileiras, há o discurso da mesa farta com o argumento de que caso aumentem os ganhos dos ricos aumentarão também as rendas para os trabalhadores. O crescimento econômico ocorrido no Brasil durante cinco séculos, especialmente durante o século XX, mostra que a distância entre os mais ricos e os mais pobres, estes os produtores diretos da riqueza nacional, foi mantida com prejuízo dos trabalhadores (Santos, 2008).

No lado oposto ao das elites com alto padrão de consumo encontra-se o grande contingente de trabalhadores e trabalhadoras excluídos do básico para exercer a cidadania. Tal contingente, originalmente escravizado, foi expulso do campo, mas continuou sendo expropriado pelo sistema produtivo, passando a formar o contingente de trabalhadores com salários aviltados, com empregos e condições indignas de trabalho, desempregados, subempregados, vivendo de *bico*, sendo empurrados pela força do poder econômico das áreas urbanizadas para as áreas insalubres das periferias urbanas e das favelas.

Na obra organizada por Arretche (2015) foram tratadas cinco dimensões consideradas importantes para discorrer sobre a desigualdade social: a participação política, a relação entre educação e renda, as políticas públicas de caráter universalizante, a demografia e a dinâmica na composição do mercado de trabalho. O entrelaçamento dessas dimensões comporia um retrato mais amplo e detalhado da realidade.

A verificação dessas dimensões considerando a realidade brasileira no período de 1960 a 2010 levou à conclusão geral de que no período ocorreram significativos avanços na sociedade brasileira como, por exemplo, o direito ao voto das pessoas não alfabetizadas (Limongi; Cheibub; Figueiredo, 2015) e a participação cada vez mais intensa das mulheres nos diversos espaços sociais, a começar pela educação (Oliveira; Vieira; Marcondes, 2015).

Tais mudanças, contudo, revelaram uma estrutura geradora e perpetuadora da desigualdade social histórica, que discrimina e exclui mulheres, negros e indígenas. Além disso tal estrutura manteve a distância entre os mais ricos e os mais pobres, em que conte uma trajetória de redução dessa distância a partir de meados da década de 1990 e na primeira década do século XXI (Arretche, 2015). A origem social e racial das pessoas continuou afetando o acesso à escola e o desempenho escolar, ou seja, é a desigualdade social afetando as oportunidades educacionais que num movimento de retroação mantém a desigualdade social.

Com a universalização do acesso ao ensino fundamental na década de 2010, as dificuldades então verificadas nesse nível de ensino (origem rural, a escolaridade dos pais, a renda familiar, sexo e cor/etnia), ainda que não tenham sido completamente eliminadas, foram deslocadas para o ensino médio e superior, gerando taxas de conclusão muito inferiores às de entrada (Arretche, 2015). Além disso constatou-se a superposição de desvantagens com relação aos não brancos, prejudicando-os ainda mais. Adicionalmente, ainda em 2010 havia no ensino superior uma superposição de desvantagens por cor e renda, pois os negros pobres encontravam mais dificuldades para atingir níveis superiores de escolaridade do que os brancos pobres (Arretche, 2015).

As desvantagens dos não brancos brasileiros também estão ligadas às regiões e locais de moradia, pois eles são levados a concentrar-se nos espaços menos atendidos com políticas públicas como o meio rural e periferias urbanas, assim como nas regiões Norte e Nordeste. Nesses espaços se entrelaçam baixa renda, trabalho precário, carência de escolas, de postos de saúde e de infraestrutura como transporte, energia elétrica, água e saneamento. E quando tais serviços são oferecidos o seu funcionamento é precário quanto à qualidade e à continuidade.

A respeito das raças e do gênero, Arretche (2015) declara que tanto a presença quanto a resiliência do racismo e do patriarcalismo na sociedade brasileira na primeira década do século XXI permanece bastante estável, pois os pretos têm menos chances de ingressar no ensino superior e, quando conseguem, o fazem nas carreiras de menor prestígio. Quanto às mulheres, pretas e pardas recebem rendimentos inferiores, mesmo quando possuem o mesmo diploma que os homens brancos.

Apesar dos avanços legislativos há, segundo Arretche (2015), a constatação de que as políticas parecem ter um efeito limitado sobre as desigualdades persistentes de cor e de gênero, o que se verifica de fato na menor repercussão da lei vigente no cotidiano dos negros principalmente quando o conteúdo de tal lei trata de direitos. E isso ocorre em razão da omissão dos órgãos públicos encarregados da aplicação da norma legal.

CONSIDERAÇÕES FINAIS

A desigualdade social e o racismo são fenômenos que atingem ao mesmo tempo, e de forma negativa, os negros e os indígenas, que são os grupos raciais mais expropriados economicamente no Brasil. Tais fenômenos são reproduzidos por meio de relações específicas as quais têm o escopo de excluir indivíduos e grupos do usufruto das riquezas sociais. Essas relações foram inicialmente planejadas e implementadas intencionalmente por uma elite econômica europeia branca, majoritariamente portuguesa, que organizou a colônia e a escravidão de nativos e de africanos.

À medida que o *status* político do Brasil foi sendo alterado passando para monarquia e depois para república, as alterações políticas preservaram as elites econômicas remanescentes do período anterior na condição de elites dominantes, mantendo a mesma ordem expropriadora, racista e causadora da desigualdade social. O Estado, legitimado para a violência, agiu para a manutenção do *status quo*. As mudanças feitas nele pelas próprias oligarquias apenas o ajustam para manter a ordem opressora e os privilégios dessas velhas-novas oligarquias.

Com relação aos imigrantes, houve políticas de integração à sociedade brasileira, ainda que o objetivo principal das elites econômicas fosse abastecer-se de mão de obra. Com relação aos indígenas, a intenção era uma liberdade tutelada e o controle de seus territórios. No caso dos negros, o objetivo era exclusivamente obter força de trabalho desse grupo humano, sendo-lhes intensamente negada a integração social como cidadãos no mesmo patamar dos brancos ou mesmo dos indígenas. Toda a política direcionada aos negros, principalmente nos períodos imperial e republicano, foi para apagar sua participação na construção da sociedade brasileira. A política de embranquecimento foi um exemplo dessa trágica e cruel política racista.

Para manter e alavancar seus interesses de expropriação, os invasores, escravocratas, latifundiários, capitalistas utilizaram todos os meios possíveis, legais e ilegais, para submeter, dominar e expropriar outros seres humanos. Além da violência explícita contra os corpos, utilizaram-se da violência simbólica e de ideologias para sedimentar suas narrativas justificando a opressão, a dominação e a expropriação. O projeto do opressor introjetado no oprimido o aliena e promove atitudes de defesa da ordem que o oprime.

As mudanças sociais no Brasil, com seu caráter conservador, indicam que estas foram realizadas sob controle das elites econômicas e que a força dos oprimidos não foi suficiente para dar a estes a autoria e a direção do processo de mudança. A estrutura ideológica construída pela elite branca e rica cumpre sua função de impedir que os dominados superem seus condicionamentos e construam ou legitimem outras ideologias alternativas mais consentâneas com seus interesses de libertação.

O tensionamento atual indica, contudo, que houve avanços reais e formais (na esfera legal) em alguns aspectos, gerando uma reação da elite branca, racista e conservadora. Em outros aspectos o racismo refinou-se como no caso da política de meritocracia implementada pelo neoliberalismo. O estudo desse refinamento dos meios e instrumentos de dominação como o discurso da meritocracia e a universalização do acesso às redes sociais contribui para identificar as tensões atuais no embate que entrelaça racismo, desigualdade social e expropriação no Brasil.

REFERÊNCIAS

ALMEIDA, Silvio Luiz de. **Racismo estrutural**. São Paulo: Jandaíra, 2020.

ARRETCHE, Marta (org.). **Trajetórias das desigualdades**: como o Brasil mudou nos últimos cinquenta anos. São Paulo: Editora Unesp, 2015.

BARQUERO, Antonio V. **Desenvolvimento endógeno em tempos de globalização**. Tradução de Ricardo Brinco. Porto Alegre: Fundação de Economia e Estatística, 2001.

BRASIL. **Constituição Política do Império do Brasil**, elaborada por um Conselho de Estado e outorgada pelo Imperador D. Pedro I, em 25.3.1824. Disponível em: http://www.planalto.gov.br/ccivil_03/constituicao/ constituicao24.htm. Acesso em: 12 jan. 2021.

BRASIL. Lei nº 7.716 de 5 de janeiro de 1989. Define os crimes resultantes de preconceito de raça ou de cor. **Diário Oficial da União**, Seção 1, 6/1/1989, página 1.

BRASIL. Instituto Brasileiro de Geografia e Estatística — IBGE. **Censo Demográfico 2010**. Rio de Janeiro: IBGE, 2011.

BRASIL. Instituto Brasileiro de Geografia e Estatística — IBGE. **Estatísticas do século XX**. Rio de Janeiro: IBGE, 2006.

DANTAS, Carolina Vianna. Mobilização negra nas primeiras décadas republicanas. *In*: DANTAS, Carolina Vianna; MATTOS, Hebe; ABREU, Martha (org.). **O negro** no Brasil: trajetórias e lutas em dez aulas de história. Rio de Janeiro: Objetiva, 2012, p. 85-98.

ENGELS, Friedrich. **A origem da família, da propriedade privada e do Estado.** Tradução de Leandro Konder. 13. ed. Rio de Janeiro: Bertrand Brasil, 1995.

FERNANDES, Florestan. **Significado do protesto negro.** São Paulo: Cortez, 1989.

FREYRE, Gilberto. **Sobrados e mucambos**: decadência do patriarcado e desenvolvimento do urbano. 15. ed. rev. São Paulo: Global, 2004.

GOMES, Mércio Pereira. **Os índios e o Brasil**: passado, presente e futuro. São Paulo: Contexto, 2012.

GUIMARÃES, Antonio Sergio Alfredo. **Preconceito e discriminação**: queixas de ofensas e tratamento desigual dos negros no Brasil. 2. ed. São Paulo: FUSP, 2004.

HASENBALG, Carlos Alfredo. **Discriminação e desigualdades raciais no Brasil.** Tradução de Patrick Burglin. Rio de Janeiro: Graal, 1979.

LAPLANTINE, François. **Aprender antropologia.** Tradução de Marie-Agnés Chauvel. São Paulo: Brasiliense, 2003.

LIMONGI, Fernando; CHEIBUB, José A.; FIGUEIREDO, Angelina C. Participação política no Brasil. *In*: ARRETCHE, Marta (org.). **Trajetórias das desigualdades**: como o Brasil mudou nos últimos cinquenta anos. São Paulo: Editora Unesp, 2015, p. 23-49.

MORAES, Dênis de. **A esquerda e o golpe de 64**: vinte e cinco anos depois, as forças populares repensam seus mitos, sonhos e ilusões. 2. ed. Rio de Janeiro: Espaço e Tempo, 1989.

MORAES, Maria Cândida; VALENTE, José Armando. **Como pesquisar em educação a partir da complexidade e da transdisciplinaridade?** São Paulo: Paulus, 2008.

OLIVEIRA, Maria Coleta; VIEIRA, Joice Melo; MARCONDES, Glaucia dos Santos. Cinquenta anos de relações de gênero e geração no Brasil: mudanças e permanências. *In*: ARRETCHE, Marta (org.). **Trajetórias das desigualdades**: como o Brasil mudou nos últimos cinquenta anos. São Paulo: Editora Unesp, 2015, p. 309-333.

PAULA, Rogéria Costa de. Construindo consciência das masculinidades negras em contexto de letramento escolar: uma pesquisa-ação. *In*: LOPES, Luis Paulo da Moita (org.). **Discursos de identidade**: discurso como espaço de construção de gênero, sexualidade, raça, idade e profissão na escola e na família. Campinas, SP: Mercado de Letras, 2003, p. 181-208.

PRUDENTE, Eunice Aparecida de Jesus. O negro na ordem jurídica brasileira. **Revista da Faculdade de Direito da USP**, São Paulo, v. 83, 1988, p. 135-149. Disponível em: http://www.revistas.usp.br/rfdusp/issue/view/5417. Acesso em: 20 mar. 2019.

QUIJANO, Anibal. Colonialidad del poder, eurocentrismo y América Latina. *In*: **La colonialidad del saber**: eurocentrismo y ciência sociales — perspectivas latinoamericanas. Buenos Aires: CLACSO, 2000, p. 201-246. Disponível em: http://bibliotecavirtual.clacso.org.ar/ar/ libros/lander/quijano.rtf. Acesso em: 4 jan. 2019.

RODRIGUES, Fernando da Silva. Discriminação e intolerância: os indesejáveis na seleção dos oficiais do Exército Brasileiro (1937-1946). **Antíteses**, Ahead of Print do v. 1, n. 2, jul./dez. 2008, p. 455-474. Disponível em: www.uel.br/revistas/uel/index.php/antiteses. Acesso em: 24 abr. 2019.

SAMARA, Eni de Mesquita. **A família brasileira**. 4. ed. São Paulo: Brasiliense, 1993 (Coleção Tudo é História).

SANTOS, Milton. **O espaço dividido**: os dois circuitos da economia urbana dos países subdesenvolvidos. Tradução de Myrna T. Rego Viana. 2. ed., 1. reimp. São Paulo: Editora USP, 2008.

SILVA, Francisco Carlos Teixeira da. Conquista e colonização da América Portuguesa. *In*: LINHARES, Maria Yedda (org.). **História Geral do Brasil**. 9. ed. Rio de Janeiro: Elsevier, 1990, p. 33-93.

SOUZA, Jessé. **A elite do atraso**: da escravidão à lava jato. Rio de Janeiro: Leya, 2017.

VEIGA, Cyntia Greive. "Promiscuidade de cores e classes": tensões decorrentes da presença de crianças negras na história da escola pública brasileira. *In*: FONSECA, Marcus Vinícius; BARROS, Surya Aaronovich Pombo de (org.). **A História da educação dos negros no Brasil**. Niterói: EdUFF, 2016, p. 271-302.

CAPÍTULO 2

RELAÇÕES ÉTNICO-RACIAIS NO CURSO DE PEDAGOGIA E ESTRATÉGIAS DOCENTES

Gisele Paula Batista
Eugénia da Luz Silva Foster

INTRODUÇÃO

Nos anos do governo anterior ao que está no poder, vivenciaram-se momentos tumultuados na educação brasileira, de uma governança com planos confusos, que proclamava de um lado "defender" a liberdade do povo, mas por outro questionava bases teóricas tão caras à educação como a de Paulo Freire, que lutou para que a massa trabalhadora pudesse ter um ensino crítico e reflexivo para então romper com a opressão.

A linha de ação da gestão passada pontuava claramente que geraria a educação com ênfase apenas nas modalidades infantil, básica e técnica, deixando de lado a EJA e a educação superior, sendo que a última penou para formar professores(as) capacitados(as) para lidar com o novo educando, imerso numa modernidade preocupada unicamente com a expansão das fronteiras do capitalismo. E nessa realidade a escola pública estava inserida com um currículo formatado para formar cidadãos para o mercado de bens e serviços.

Nesse contexto, a escola, como uma fábrica, estará preocupada unicamente em formar o maior número de pessoas, assim como se faz na produção em escala, quanto mais educandos formados, melhor para atender às demandas do sistema capitalista. Não importa a qualidade do ensino, e é aqui que reside o perigo.

Não temos só esperanças, acreditamos em mudanças com a força da ação daqueles que realmente querem um Brasil melhor e uma educação melhorada, diferenciada, que respeite as peculiaridades de cada sujeito, mas isso será possível se aproveitarmos as possibilidades existentes e as transformarmos em exitosas experiências que refletirão no amanhã de futuros pedagogos que estarão nas linhas de frente das escolas, seja na sala de aula ou no serviço técnico pedagógico.

Com esse intuito, a disciplina Seminário de Educação do curso de Pedagogia introduziu a temática das Relações Étnico-Raciais para ajudar a construir reflexões teóricas para posteriormente levar os(as) acadêmicos(as) à ação de colocarem em prática o que aprenderam sobre processos de exclusão e desigualdade, e com isso combaterem todas as formas de racismo, preconceito, discriminação, discriminação racial e intolerâncias.

Com o interesse de levar esses conceitos para as aulas que seriam ministradas no curso de Pedagogia, verificou-se não só a conceituação de termos, mas também o envolvimento da turma em um diálogo mais político, em que eles(as) pudessem perceber o momento em que se estabelece o racismo no mundo, até os dias atuais com sua perpetuação em meio às relações humanas.

Nessa perspectiva, apoiamo-nos em Munanga (2006; 1998; 2003); Nilma Lino Gomes (2005; 2008) e Antônio Olímpio Sant'Ana (2008), que fazem um tratamento conceitual e político sobre os termos: raça, racismo, etnia e identidade; e com Lilia Moritz Schwarcz (1993) foi abordado como as teorias racistas foram introjetadas no Brasil, com os homens das ciências, cujo interesse era formular a imagem de um país não racista em prol do progresso econômico, político e científico pós-abolicionismo.

Nas discussões sobre as reflexões para a formação docente e estratégias docentes, tecemos diálogos com base nos estudos de professores e pesquisadores, entre eles: Orofino (2003); Siewerdt e Fleuri (2003); Silva (2008); Moura (2008); Theodoro (2008); Lima (2008); Andrade (2008); e Gomes (2008), que ajudaram de forma prática a abordar, desde que bem planejadas, as temáticas das Relações Étnico-Raciais em suas aulas e ações.

Este artigo toca nas duas pontas da costura que se encontram soltas no tecido da educação brasileira, as quais têm sido bandeira de lutas do Movimento Negro na atualidade, que são: a formação de educadores(as) e a produção de recursos/estratégias didáticas como instrumentos alternativos para combater o racismo e todas as formas de exclusão social geradas por ele.

RELAÇÕES ÉTNICO-RACIAIS: REVISÃO DE LITERATURA PARA O CURSO DE PEDAGOGIA

Para contato inicial com a disciplina Seminário de Educação, foi construído um plano de ensino a partir da ementa da disciplina que norteia o percurso teórico da temática Relações Étnico-Raciais para o curso de Pedagogia, da Universidade Federal do Amapá (Unifap).

Seguindo as orientações do plano, reuniram-se as bases teóricas que discorrem sobre desde uma visão mais ampliada das Relações Étnico-Raciais até se aproximar do contexto brasileiro, bem como alguns apontamentos sobre estratégias utilizadas por muitos professores para desmistificar e lidar com a temática em sala de aula.

Para abrir as discussões sobre o tema das Relações Étnico-Raciais, Kabengele Munanga inicia suas abordagens sobre as teorias raciais com o conceito de racismo em seus diversos usos e sentidos; e apresenta uma análise crítica das interpretações do conceito de racismo nos campos da Biologia, Sociologia, Antropologia, Psicologia e Psicanálise. A tese central defendida pelo autor discute teoricamente o fenômeno do racismo em nível internacional, numa perspectiva histórica, no tempo e no espaço, com suas dinâmicas e manifestações contemporâneas.

A partir dessa contextualização, Munanga (1998, p. 44) diz "[...] que não são os racistas que oferecem a maioria das definições que conhecemos sobre o racismo, mas sim os anti-racistas", que elaboram justificativas fundamentadas num discurso religioso, político-econômico, ou dentro de uma pseudociência biológica que vai garantir a manutenção da dominação dos grupos privilegiados sobre os subalternizados, que convivem com a desigualdade, a exploração e a exclusão.

Munanga (1998, p. 45) defende três teses sobre a questão racial; na primeira tese, "confere a racismo um sentido mais amplo, isto é, toda situação conflitual, implicando uma desigualdade real ou suposta é considerada como racismo, por exemplo: racismo antijovem, antimulher, antivelho, anti-homossexual, etc.". Nesse primeiro apontamento, observa-se que o racismo se desenvolve em todo o globo, é um mal que atinge muitas culturas.

Na segunda tese, o autor diz: "emprega-se o racismo no sentido mais restrito, considerando-o um fenômeno recente na história da humanidade, indissolúvel ligado à história da ciência e à cultura ocidental. Este é o racismo científico" (Munanga, 1998, p. 46). Na terceira análise, o autor apresenta que o racismo está multifacetado e inter-relacionado:

> [...] este fenômeno global chamado de racismo pode-se decompor em três elementos distintos e inter-relacionados: temos uma ideologia racista que é uma doutrina, uma concepção de mundo, uma filosofia da história [...]; tem o preconceito racial, que é simplesmente uma disposição efetiva imaginária, ligada aos estereótipos étnicos; e a discriminação racial, que é a um comportamento coletivo observável (Munanga, 1998, p. 47).

Os três elementos se completam no sentido de que, ao discriminar alguém concretamente, tem-se que ter preconceitos (que partem de concepções imaginárias) e a ideologia racista (doutrina ou concepção de mundo), que reforça e legitima as práticas discriminatórias. Ao refletirmos sobre essa tríplice aliança, observa-se que fica muito difícil combater preconceitos porque eles transitam e se propagam por vezes invisivelmente, camuflados e sem rosto.

Os apontamentos finais de Kabengele Munanga no texto sobre as teorias raciais demonstram que mesmo num plano educacional é muito difícil atingir as profundezas das estruturas em que se ancoram o preconceito, a discriminação e as ideologias racistas, entretanto **não** se deve descartar que a educação seja um dos meios pelo qual devemos avançar na luta contra o racismo, "mas não é o único, porque o racismo antes de mais nada é uma ideologia e não se corrige a ideologia simplesmente com educação" (Munanga, 1998, p. 48).

Um outro estudo que alarga essa discussão para o contexto brasileiro é o de Lilia Moritz Schwarcz, na obra *O espetáculo das raças: cientistas, instituições e questão racial no Brasil (1890-1930)*, em que as linhas da autora relatam como se deu após a abolição a construção das teorias raciais advindas principalmente por meio de um grupo de intelectuais, os chamados "homens da ciência", que nada mais faziam do que uma repetição de teorias europeias falidas, inventadas e sem comprovação científica sobre a existência de raças humanas.

Nesse estudo, a autora revela os bastidores da trama brasileira após a desmontagem da escravidão, com modelos teóricos adotados pelos homens da ciência ou "novos ricos da cultura", que simbolizavam uma nova forma secular materialista e moderna de compreensão do mundo (Schwarcz, 1993).

Para Schwarcz (1993) as teorias europeias como o evolucionismo, o positivismo, o naturalismo e o social darwinismo começam a se difundir a partir dos anos de 1870; essas teorias passaram por adaptações, sendo atualizadas de acordo com o contexto político e social brasileiro, ou seja, os intelectuais da época aproveitaram o que imaginavam combinar com o país e descartaram o que seria problemático, como discutir o legado maléfico deixado pelo colonialismo.

Um dos pontos importantes da reflexão da autora é que a implementação desses novos modelos no país seria uma aproximação imaginária com o mundo europeu sinônimo de "progresso e civilidade" para as elites políticas e intelectuais brasileiras. Ao mesmo tempo, apesar do descrédito dessas teorias na Europa, já no Brasil elas serviriam como "justificativas teóricas de práticas imperialistas de dominação" e legitimação das consequentes diferenças sociais e econômicas no país (Schwarcz, 1993, p. 30).

Na tecitura de diálogos entre os teóricos que se complementam, envolvemos na discussão outras leituras de Munanga (2003), com o texto: "Uma abordagem conceitual das noções de raça, racismo, identidade e etnia"; na mesma linha de pensamento, a autora Nilma Lino Gomes (2005) trata de alguns termos e conceitos presentes no debate em "Relações raciais no Brasil: uma breve discussão"; assim como Sant'Ana (2008) em "História e conceitos básicos sobre o racismo e seus derivados".

Os autores mencionados constroem reflexões em torno de conceitos de palavras que confundem professores que estão em sala de aula. Por isso, fez-se necessário trabalhar pontualmente com os discentes de Pedagogia por meio de roda de discussões sobre a base conceitual teórica, construída por autores de renome no tema e que têm contribuído para a melhoria da atuação de educadores que sentem dificuldades para tratar dessa problemática no contexto das salas de aula.

Com as contribuições de Munanga, vê-se que depois da desmistificação das teorias raciais é importante um aprofundamento do entendimento sobre os conceitos de raça, racismo, identidade e etnia, pois só assim será possível o combate de um quadro de ações e atitudes racistas que, em vez de diminuir ou deixar de existir, continuam avançando no Brasil e no mundo.

Assim, conceitualmente, o termo "raça", que é usado pela Zoologia e Botânica para classificar animais e vegetais, passa também a ser utilizado com o propósito de definir as relações entre classes sociais, inicialmente na Europa. Para Munanga (2003, p. 1) a nobreza da França, buscando se legitimar como classe superior, se "identificava com os Francos, de origem germânica em oposição aos Gauleses, população local identificada com a Plebe".

Na verdade, essa ideia de uma raça superior a outra não passava de invenções de humanos ambiciosos que buscavam justificativas dentro do conceito de raça, presente na Botânica e Zoologia para legitimar a dominação e sujeição "entre classes sociais (Nobreza e Plebe), sem que houvessem diferenças morfo-biológicas notáveis entre os indivíduos pertencentes a ambas as classes" (Munanga, 2003, p. 2).

Na mesma linha de compreensão sobre o conceito de raça, Nilma Lino concorda quando diz:

> É fato que, durante muitos anos, o uso do termo *raça* na área das ciências, da biologia, nos meios acadêmicos, pelo poder político e na sociedade, de um modo geral, esteve ligado à dominação político-cultural de um povo em detrimento de outro, de nações em detrimento de outras e possibilitou tragédias mundiais como foi o caso do nazismo. A Alemanha nazista utilizou-se da idéia de raças humanas para reforçar a sua tentativa de dominação política e cultural e penalizou vários grupos sociais e étnicos que viviam na Alemanha e nos países aliados ao ditador Hitler, no contexto da Segunda Guerra Mundial — 1939–1945 (Gomes, 2005, p. 50).

O conceito de raça não deve ser tratado do ponto de vista biológico, esse termo na verdade é ideológico, porque esconde relação de poder e de dominação entre os homens. Ao interpretarmos sua origem, observa-se que é exatamente a partir do surgimento de raças inventadas que começa a propagação e perpetuação do racismo no mundo, ou seja, "a realidade da raça é social e política: ela é uma categoria de exclusão e de homicídio" (Munanga, 1994, p. 19).

No contexto brasileiro falar de raça é bem complexo, principalmente quando as pessoas desconhecem ou não têm leitura sobre o significado do tema para construção de suas identidades; por isso, quando são questionadas sobre sua raça, aquele que pergunta nem sempre recebe uma resposta positiva. Gomes (2005, p. 45) diz que esse incômodo dos sujeitos quando questionados sobre raça se deve ao "[...] fato de que a 'raça' nos remete ao racismo, aos ranços da escravidão e às imagens que construímos sobre 'ser negro' e 'ser branco' em nosso país".

Nós, educadores, somos convocados pelo nosso dever social de, além de buscar simplesmente a compreensão do termo raça, interpretá-lo em seus diferentes contextos para só assim construir estratégias de lutas contra ideologias raciais criadas e introjetadas na sociedade por grupos de pessoas ávidos pela dominação e poder.

Prosseguindo com a abordagem conceitual dos termos que geram dúvidas e controvérsias no ambiente escolar, adentramos o conceito de "racismo". Mesmo com o avançar do século XXI, as práticas racistas estão muito presentes em vários meios de convívio social, isso se comprova com a existência das várias ações incentivadas pelas vítimas do racismo, na busca de reparação pelo sofrimento causado contra elas por racistas desde os séculos passados.

Numa compreensão ampliada, Munanga (2003, p. 7) afirma que, "por razões lógicas e ideológicas, o racismo é geralmente abordado a partir da raça, dentro da extrema variedade das possíveis relações existentes entre as duas noções", ou seja, a esse respeito, as ideias racistas se sustentam a partir da divisão de grupos que acreditam serem dotados de capacidades físicas, morais e intelectuais diferentes, logo, consideram-se como raça suprema, em relação a outros grupos classificados tendenciosamente como inferiores.

Quando falamos em "tendenciosamente", acreditamos, com base na biografia dos homens que fizeram classificação de raças, que todos certamente eram europeus (Carl Von Linné, Arthur de Gobineau, entre outros) e que alguns desses estudiosos saíram do reduto europeu durante as grandes expedições europeias para pesquisarem novos territórios, e a partir daí tirariam suas próprias conclusões sobre outros povos.

Ao fazer uma breve abordagem sobre o racismo no passado, Antônio Olímpio Sant'Ana, baseado nos estudos de Pereira (1978), diz que o racismo foi fruto da ciência europeia a serviço da dominação sobre América, Ásia e África e que, "[...] desde o século VI, milhões de páginas em tratados, ensaios, monografias, teses etc. foram inscritas para sustentar o insustentável: o racismo como uma prática necessária e justificável" (Sant'Ana, 2008, p. 38). Contribuindo para esse raciocínio a professora Nilma Lino Gomes afirma que:

> O racismo é, por um lado, um comportamento, uma ação resultante da aversão, por vezes, do ódio, em relação a pessoas que possuem um pertencimento racial observável por meio de sinais, tais como: cor da pele, tipo de cabelo, etc. Ele é por outro lado um conjunto de idéias e imagens referente aos grupos humanos que acreditam na existência de raças superiores e inferiores. O racismo também resulta da vontade de se impor uma verdade ou uma crença particular como única e verdadeira. (Gomes, 2005, p. 52).

A visão de uma crença de que existem povos superiores e inferiores, embora muito presente nos discursos dos racistas, é falsa, pois como vimos em Munanga (1994; 2003) e Gomes (2005) qualquer ideia racista baseada na questão biológica não tem fundamentação científica; e como nesse campo o racismo não teria mais espaço para sua sustentação vai migrar para outras bases que são enfraquecidas pela sociedade como racismo contra mulheres, contra jovens, contra homossexuais, contra pobres, contra burgueses, contra militares, imigrantes e refugiados, entre outros.

Outra questão que nos convida para uma reflexão teórica, para então desdobrarmos nas ações de desconstrução em atividades práticas no ambiente escolar, diz respeito aos termos "identidade" e "etnia". Nesse sentido, reflexivamente, Munanga (2003, p. 12) se refere a etnia como "[...] um conjunto de indivíduos que, histórica ou mitologicamente, têm um ancestral comum; têm uma língua em comum, uma mesma religião ou cosmovisão; uma mesma cultura e moram geograficamente num mesmo território".

Embora o autor inicialmente contextualize a questão étnica dentro de uma visão geográfica para mostrar divisões territoriais étnicas que se formaram durante a colonização, e que hoje foram divididas em diversos territórios ou repúblicas, o mais importante a se ressaltar é que devemos entender o termo no sentido político, e não para suavizar o tom do racismo; pelo contrário, fazer uso dos conceitos de raça ou etnia não muda em nada o lastro destrutivo do racismo em nossa sociedade, porque "tanto o conceito de raça quanto o de etnia são hoje ideologicamente manipulados. É esse duplo uso que cria confusão na mente dos jovens pesquisadores ou iniciantes" (Munanga, 2003, p. 13).

Gomes (2005, p. 50) se refere a etnia como sendo um "[...] outro termo ou conceito usado para se referir ao pertencimento ancestral e étnico/racial dos negros e outros grupos em nossa sociedade", ou seja, muitos preferem usar esse termo, em substituição ao de raça no sentido biológico que faz divisão de raças na pirâmide, as do topo (superiores) e as que estão na base (inferiores).

Para reflexões acerca do significado de "identidade", precisamos interpretar seu sentido, que ainda é um tanto complexo no contexto educacional, pois muitos educadores e educadoras sentem dificuldades de tratar desse assunto com os educandos, primeiro porque não deve apenas ser desmistificado o conceito em si, mas abordado em todas as ações, atividades, metodologias, entre outros que fazem parte da rotina escolar. Sobre identidade, Gomes (2005) afirma que:

> A identidade não é algo inato. Ela se refere a um modo de ser no mundo e com os outros. É um fator importante na criação das redes de relações e de referências culturais dos grupos sociais. Indica traços culturais que se expressam através de práticas lingüísticas, festivas, rituais, comportamentos alimentares e tradições populares referências civilizatórias que marcam a condição humana. (Gomes, 2005, p. 41).

Na mesma direção de que identidade não é inata, também não é intocável e nem estática, ela se movimenta, e está presente nas relações sociais, conforme sustentado por Munanga (2006):

> A identidade é uma realidade sempre presente em todas as sociedades humanas. Qualquer grupo humano, através do seu sistema axiológico, sempre selecionou alguns aspectos pertinentes a sua cultura para definir-se em contraposição ao alheio. A definição de si (autodefinição) e a definição dos outros (identidade atribuída) tem funções conhecidas: a defesa da unidade do grupo, a proteção do território contra os inimigos externos, as manipulações ideológicas por interesses econômicos, políticos, psicológicos etc." (Munanga, 2006, p. 17–18).

Ao fazermos o diálogo com os dois autores mencionados sobre identidade, percebe-se um ponto interessante em comum: que não devemos considerar o termo apenas do ponto de vista da cultura, mesmo que reconhecidamente a identidade afro-brasileira exista, o que se deve fazer a partir desse reconhecimento é tomar "consciência política", criticar e traçar novas estratégias de mudanças em nível nacional e internacional (Munanga, 2006).

REFLEXÕES PARA A FORMAÇÃO DOCENTE

Os apontamentos que se sucedem são contribuições de educadores e estudiosos brasileiros que militam rumo ao despertar intelectual de outros profissionais da educação em questões problemáticas que se acirram principalmente no interior das escolas.

Cabe aqui também reforçarmos que toda e qualquer discussão sobre a questão racial é dever de todo brasileiro e brasileira evocar, devemos desconstruir que a temática seja de interesse unicamente das pessoas que pertencem a algum grupo étnico/racial específico; pelo contrário, "Ela é uma questão social, política e cultural de todos (as) os (as) brasileiros (as), [...] ela é uma questão da humanidade" (Gomes, 2005, p. 51).

Partimos primeiramente da reflexão sobre a formação dos educadores, que tem muitos desvios de percurso, pois enquanto a universidade pública tem se preocupado minimamente em inserir na matriz curricular conteúdos sobre as Relações Étnico-Raciais, as instituições privadas estão longe dessas discussões, esses desvios se encontrarão nas escolas, enquanto uns tiveram algumas leituras teóricas para combater nas suas práticas todas as formas de opressão e exclusão, e outros desconhecem esses caminhos, na pior das situações acabam reproduzindo exatamente aquilo que poucos combatem.

Como estamos distantes de corrigir essas distorções, nos resta deixar contribuições teóricas daqueles que se esforçam para melhoria da atuação da prática escolar de uma sociedade plural, e nessa direção Silva (2003) em seu texto "Multiculturalismo e educação intercultural: vertentes históricas e repercussões atuais na educação" deixa suas impressões de uma educação intercultural. Neste, o autor defende a adoção de novas perspectivas educacionais pelo viés da interculturalidade:

> [...] um conjunto de processos devidos as interações de duas ou mais culturas, que podem ser tanto de origem étnica quanto de caráter migratório, em um mesmo espaço geográfico, apontando para a integração e reciprocidade de tal maneira que possam enriquecer-se mutuamente, conservando identidades próprias e ao mesmo tempo possibilitando o cruzamento dessas culturas que acabam, por sua vez, estimulando novas construções identitárias híbridas ou mestiças. (Silva, 2003, p. 50).

Ao apontar a importância do debate intercultural na educação, o autor demostra que essa temática tem sido desprezada ou apagada pela força do discurso multiculturalista que reduz o debate sobre a diferença cultural, na simplória discussão envolvendo culturas indígenas e negras (afro-brasileira), ou então o estudo com imigrantes europeus, quando na verdade há muitas coisas que podemos envolver, como a construção de "propostas pedagógicas de intervenção na realidade nacional multicultural a partir de projetos específicos para atender e valorizar expressões culturais de grupos de culturas distintas" como negros e povo indígenas (Silva, 2003, p. 51). Na perspectiva intercultural de educação, Souza e Fleuri (2003) focam diretamente a formação de educadores, e afirmam:

> Os modelos de formação de educadores (as) consolidados — ainda que cercados por muitos referenciais teóricos e conceituais, inclusive daqueles que questionam a forma etnocêntrica e monocultural das práticas pedagógicas, propagando a necessidade de uma formação para a diversidade, para a incerteza, para o sistêmico, para o desenvolvimento do pensamento complexo — apresentam ainda tendências de mecanicismo, de rigidez, de certezas absolutas. Há uma

provável lacuna, nesse tecido mesclado de continuidades e rupturas, presente no jogo paradigmático da ciência moderna e pós-moderna. (Souza; Fleuri, 2003, p. 74).

Compreendemos que não basta um amontoado de teorias se não tivermos em mente de onde viemos e para onde queremos ir, isso tem a ver com nosso ativismo, não basta levantar a bandeira de uma determinada frente apenas no plano das teorias, precisamos criar possibilidades estratégicas para que os educandos sejam envolvidos a refletirem criticamente sobre a realidade da qual fazem parte, e depois participarem de ações coletivas e participativas na escola, que os levem a praticarem o que refletiram anteriormente.

Os autores Souza e Fleuri (2003, p. 83) deixam importantes reflexões para os educadores e educadoras, quando afirmam que "atuar com a educação intercultural é um processo de intervenção contínua nas relações entre teorias e prática [...]", ou seja, se não fizermos esse duplo movimento, cairemos no erro das ultrapassadas teorias tradicionais de educação.

VISITANDO EXPERIÊNCIAS SOBRE ESTRATÉGIAS DOCENTES

Nas últimas décadas surgiram vários estudos voltados para a compreensão pedagógica das Relações Étnico-Raciais, essa temática é bastante emblemática no atual contexto brasileiro e sua discussão se faz necessária no âmbito educacional para corrigir as distorções sobre a presença e contribuições africana e de povos indígenas para o desenvolvimento político, econômico e social do Brasil.

Theodoro (2008, p. 92) declara que "a pedagogia de base africana é iniciática, o que implica participação efetiva, plena de emoção, em que há espaços para cantar, dançar, comer e partilhar", essas palavras nos impulsionam a participar efetivamente com ações que visem mostrar para os educandos tudo que foi encobertado pelo jogo de poder que maculou e escondeu, durante o processo histórico do país, fazendo parecer que apenas os brancos foram os heróis do desenvolvimento, quando na realidade esse Brasil foi desenvolvido por uma vasta diversidade cultural. Seria de se duvidar que povos (africanos, indígenas e seus descendentes) com um legado ancestral de ricas experiências e vivências em seus continentes de pertencimento tivessem ficados de braços cruzados diante de uma nova dinâmica de formação histórica e social.

Assim, ao adentrarmos o debate das estratégias docentes, buscamos algumas compreensões de Orofino (2003), em "Mídia e educação: contribuições dos estudos da mídia e comunicação para uma pedagogia dos meios na escola"; bem como de Siewerdt e Fleuri (2003), no texto "Mídia e mediações culturais na escola".

Embora ambos abordem a questão da mídia no contexto escolar, a primeira nos envolve numa reflexão sobre a articulação entre diferentes identidades sociais e as relações interculturais, e para fomentar esse debate é preciso levarmos em consideração os meios de comunicação que estão presentes na realidade dos educandos. Nesse contexto, destacamos a força das tecnologias de informações, materializadas em larga escala pelas mídias e redes sociais, uma realidade que, ao mesmo tempo que traz muitos benefícios na agilidade das comunicações, por outro lado "[...] tem criado um violento mercado de oferta e competitividade. Esse mercado, na medida em que difunde uma ideologia de integração, produz uma profunda exclusão social de acesso aos bens culturais" (Orofino, 2003, p. 112).

Ao levarmos em consideração os prós e contras, os(as) educadores(as) devem ressignificar a utilização dessas ferramentas para disseminar interna e externamente à escola mensagens que reflitam os problemas os quais as minorias enfrentam, de ordem econômica, social e política.

Na segunda abordagem, os autores Siewerdt e Fleuri (2003) apontam mediações culturais na prática docente, a partir da observação quanto à utilização de recursos audiovisuais (televisão e vídeo) por professores de escolas vinculadas ao Movimento dos Trabalhadores Rurais Sem Terra (MST). O estudo não se limitou ao muro escolar, as pessoas envolvidas foram instigadas a refletirem suas próprias vidas, suas identidades e relação com as mídias. Em linhas gerais os autores contribuíram ao dizer que:

> As entrevistas que realizamos com os professores indicaram-nos que os diferentes significados que cada um atribui à própria relação como o cinema e a televisão são construídos a partir de suas histórias e dos contextos socioculturais em que vive(ra)m (Siewerdt; Fleuri, 2003, p. 136).

Essa observação toca na formação; vamos mentalizar um quadro hipotético: digamos que os(as) educadores(as) façam diversas formações, encham-se de conhecimentos teóricos metodológicos sobre a utilização de tecnologias educativas, de que adiantaria tudo isso se no processo de formação não houver reflexões sobre seu lugar de fala, suas histórias, contexto cultural, social e local?

As contribuições anteriores nos alertam quanto à atuação dentro e fora do espaço escolar; a seguir refletiremos sobre o âmbito mais interno, como, por exemplo, na desconstrução da discriminação do livro didático, segundo os estudos de Ana Célia da Silva. Para a autora, esse instrumento pedagógico ainda é muito utilizado nas escolas brasileiras, por isso merece uma certa atenção por parte dos educadores para desconstruí-lo, uma vez que:

> No livro didático a humanidade e a cidadania, na maioria das vezes, são representadas pelo homem branco e de classe média. A mulher, o negro, os povos indígenas, entre outros, são descritos pela cor da pele ou pelo gênero, para registrar sua existência (Silva, 2008, p. 17).

Sant'Ana (2008), a partir de suas análises em várias pesquisas sobre o livro didático, afirma que foram detectados os seguintes dados interpretados como preconceituosos:

> Nas ilustrações e textos os negros pouco aparecem e, quando isso acontece, estão sempre representados em situação social inferior à do homem branco, estereotipados em seus traços físicos ou animalizados. Não existem ilustrações relativas à família negra; é como se o negro não tivesse família. Os textos induzem a criança a pensar que a raça branca é mais bonita e a mais inteligente. Nos textos sobre a formação étnica do Brasil são destacados o índio e o negro; o branco não é mencionado (em alguns casos): já é pressuposto. Índio e negros são mencionados no passado, como se já não existissem. Os textos de história e estudos sociais limitam-se a referências sobre as contribuições tradicionais dos povos africanos (Sant'Ana, 2008, p. 53).

Baseado nas contribuições de Silva (2008), pontuamos a importância dos docentes na contextualização do processo de desmistificação dos que foram excluídos da história oficial, a partir da perspectiva das crianças, como, por exemplo: solicitar dos educandos uma reconstituição das ilustrações trazidas nos livros didáticos (especialmente no do componente de história) para ressignificar seu lugar de pertencimento para que com isso elas passem a reconhecer seu grupo étnico-racial.

Uma outra questão que fará toda a diferença na prática dos educadores é a aproximação com o Movimento Negro, que carrega um histórico de conhecimento das experiências histórico-culturais da ancestralidade afrodescendente, bem como da luta por políticas públicas de reconhecimento e de ações afirmativas.

A professora de Artes Cênicas Glória Moura abre espaço para uma interessante discussão sobre as contribuições das festas que acontecem nos quilombos contemporâneos como fator formador e recriador de identidades. Ao pontuar que o currículo formal desconsidera e invisibiliza a tradição dos afrodescendentes, a autora dá dicas para os educadores interpretarem o currículo oculto que permite "a transmissão dos valores, dos princípios de conduta e das normas de convívio, ou, numa palavra, dos padrões sócio culturais inerentes à vida comunitária, de maneira informal e não explícita [...]" (Moura, 2008, p. 68).

É por meio desse currículo que se permite a afirmação das identidades, e com esse direcionamento baseado na valorização dos sujeitos sociais será possível construir possibilidades pedagógica que reconheçam as origens, as culturas e as experiências dos educandos.

As contribuições apontadas surgem primeiramente de o docente conhecer o contexto social em que vive, para numa relação dialógica, a partir das perspectivas do conhecimento dos educandos, construir bases sólidas para novos rumos da educação, conforme apresenta Moura (2008, p. 68): "a pedagogia nos anos 1970/1980 já chamava a atenção dos educadores para a experiência pedagógica que o aluno trazia de sua vivência de fora da escola e que não era por esta reconhecida [...]".

As novas estratégias de atuação devem fundamentalmente envolver a participação das crianças, considerando que serão elas as multiplicadoras contemporâneas do pensar crítico e reflexivo para que as futuras gerações saibam do seu lugar de pertencimento, e do papel que ocupam na formação da sociedade brasileira do hoje.

Outras compreensões pedagógicas buscamos em Helena Theodoro, no texto "Buscando caminhos nas tradições". A autora nesse estudo apresenta estratégias para se trabalhar com crianças, por intermédio da literatura e música, pois, "[...] na literatura brasileira, no entanto, o negro é a palavra excluída, ocultada com frequência, ou uma representação inventada pelo outro, sendo sempre o elemento marginal" (Theodoro, 2008, p. 82).

Os caminhos nas tradições para o trabalho pedagógico incentivam educadores a utilizarem músicas durante suas aulas, com cantores brasileiros como Martinho da Vila, que recria nas suas letras algumas tradições africanas como, por exemplo, a de apresentar a criança à lua.

Silva (2008, p. 122) dá essa mesma entonação para música, dança, teatro e artes visuais do universo expressivo africano; segundo o autor "[...] o que no Ocidente era considerado uma invenção artística, já era produzido há centenas de anos pelos africanos, cuja arte, continuava a ser vista pelos europeus como 'primitiva' e inferior". Os(As) educadores(as) precisam buscar conhecimentos aprofundados sobre as ancestralidades africanas, esse é um dos pontos de partida para sistematização de ações que levem discentes a conhecerem o que não sabem e valorizarem aquilo que está à sua volta reconhecendo-se como sujeitos pertencentes àquela comunidade.

Silva (2008) nos agracia com sugestões de conteúdos e atividades que valorizem a identidade negra. Destacamos as voltadas para o teatro: desenhos, dramatização, contação de histórias, manifestação teatral da real história do Brasil (a não contada), brincadeiras, jogos de percepções, teatro de máscaras, entre outros; para as artes visuais: utilização de materiais como madeira, folhas secas, capim, pedras, areia, água, barro; informar sobre a origem africana de máscaras, esculturas, objetos, miçangas, colares; narrativa da história pessoal do aluno etc.; para a música: utilização da música africana, de compositores, cantores, bandas, bem como influências africanas na música contemporânea, como samba, escolas de samba, pagode, axé, music, rap, funk, rock, jazz, charme, reggae, salsa, lambada, soul music, blues etc.; para a dança: trajetória histórica das dimensão da dança, confecção de roupas adequadas às danças afro-brasileiras, informações sobre o papel do corpo no contexto tradicional africano.

No universo escolar, quando adentramos a escola nos deparamos com pilhas de cartazes, figuras, murais, livros, cartilhas, entre outros, as incontáveis cores refletidas nesses elementos ludibriam as crianças e mascaram verdades ocultas por meio de mensagens simbólicas, como, por exemplo, imagens carregadas de preconceitos, discriminação e discriminação racial contra especialmente negros e povos indígenas na literatura infantil. Lima (2008) confirma isso ao dizer que:

> Toda obra literária, porém, transmite mensagens não apenas por meio do texto escrito. As imagens ilustradas também constroem enredos e cristalizam as percepções sobre aquele mundo imaginado. [...] A imagem age como instrumento de dominação real por meio de códigos embutidos em enredos racialistas, comumente extensão das representações das populações colonizadas (Lima, 2008, p. 97-98).

Ao estudar a literatura infantil, a autora Heloisa Lima descobre e nos alerta que a presença negra nessa produção não é tão invisibilizada assim como se pensa, na verdade ela sempre existiu, porém, de forma estereotipada, grotesca, distorcida e inferiorizada no contexto da sociedade, tidos como:

os invisíveis, a representação da triste e passiva escravidão, feição do rosto idiotizada, frágil, sonhador, que está preso, violento, negro perdedor, caricaturas de empregadas domésticas associadas às mulheres negras, mulher boba, gorda, monstrengo(a), falta de limpeza, burrice, relaxo, entre outras bizarrices do racismo.

As reflexões a seguir contribuirão com a prática docente na construção de outras possibilidades pedagógicas emancipadoras que ajudarão estudantes a fazerem leituras com olhar mais crítico, nas obras infantis com que têm contato, especialmente na escola.

Andrade (2008) relata suas percepções sobre o livro infantil: "para quem tem estímulo à leitura a obrigação é transformada em prazer e o hábito pode tornar-se uma prática efetiva (conheço uma professora que está alfabetizando a turma com a leitura de histórias infantis)". A partir dessas compreensões, a autora construiu uma oficina de leitura, que dá vez para livros que reforçam a imagem da população negra. Sua metodologia visa ao resgate de identidade racial feita para crianças e/ou jovens nas áreas periféricas, nas escolas e outros locais comunitários de Recife.

Ao visitarmos no campo teórico-prático as estratégias de atuação docente de muitos professores, por um lado queremos com isso mostrar o quanto é válido conhecermos experiências exitosas que podem, sim, ajudar a melhorar o fazer pedagógico; por outro lado de nada isso tudo vai adiantar se os(as) educadores(as) continuarem pensando que discutir relações raciais não é tarefa da educação.

A educação não é a única estrutura que existe, mas é um dos mais poderosos meios pelo qual podemos desmantelar o racismo, e a escola enquanto aparelho dessa estrutura com seu corpo de educadores tem um papel importante a desempenhar.

> Para que a escola consiga avançar na relação entre saberes escolares/realidade social/diversidade étnico-cultural é preciso que os (as) educadores (as) compreendam que o processo educacional também é formado por dimensões como a ética, as diferentes identidades, a diversidade, a sexualidade, a cultura e as relações sociais, entre outras. E trabalhar com essas dimensões não significa transformá-las em conteúdos escolares ou temas transversais, mas ter a sensibilidade para perceber como esses processos constituintes da nossa formação humana se manifestam na nossa vida e no próprio cotidiano escolar (Gomes, 2008, p. 143).

Essa observação toca no ponto que nos interessa discutir, todas as contribuições que deixamos constituirão um trabalho sem sentido se for apenas para cumprir o calendário letivo, queremos de fato que todos os(as) educadores(as) possam entender que não há mais espaço para atividades sem problematização e sem a participação efetiva dos educandos, pais, responsáveis, comunidade escolar, conselhos, serviço técnico-pedagógicos e outros.

Tudo que foi apresentado reflete sobre uma formação docente que consiga aliar a teoria com a prática, e nesse sentido as salas de aula dos cursos de formação devem ser o laboratório de oportunidades e experiências. Os docentes em formação devem ser instigados a problematizar temáticas étnico-raciais que são pautas do dia a dia nas escolas públicas e, aliado a isso, fazer com que tais temas de fato sejam incorporados em seus planos de aulas, projetos, ações e atividades, quer sejam transversalmente ou não.

CONSIDERAÇÕES FINAIS

O artigo buscou explicitar que tratar das Relações Étnico-Raciais não é uma tarefa simples, requer dedicação na busca de conhecimentos históricos, sociais e culturais que revelem os verdadeiros protagonistas do desenvolvimento do país. Infelizmente nem sempre os cursos de Pedagogia oferecidos pelo Brasil trazem esses debates, ficando a cargo dos(as) próprios(as) educadores(as) irem em busca de aprofundamento em eventos científicos ou formação continuada.

Um ponto de debate é certo, não podemos esperar que a discussão sobre as Relações Étnico-Raciais nos cursos de formação de professores aconteçam somente quando as instituições de ensino superior resolverem adequar suas matrizes curriculares, os processos educacionais são emergentes; todos os dias, nas escolas públicas, estudantes de vários níveis e modalidades sofrem algum tipo de preconceito, discriminação e outras formas de opressão.

Os docentes têm o dever social de agir diariamente frente a processos discriminatórios e excludentes, logo, fica a missão: para além de buscar conhecimento sobre conceitos, devemos praticar atos que incentivem a emancipação social, por intermédio de ações práticas, com produção de materiais didático-pedagógicos específicos para trabalhar com essas questões, ou melhor, usar a criatividade para melhorar experiências que já existem, construir novas ou adaptá-las de acordo com as necessidades locais.

REFERÊNCIAS

ANDRADE, Inaldete Pinheiro. Construindo a auto-estima da criança negra. *In*: MUNANGA, Kabengele (org.). **Superando o Racismo na escola**. Brasília: Ministério da Educação, Secretaria de Educação Continuada, Alfabetização e Diversidade, 2008, p. 117-123.

GOMES, Nilma Lino. Educação cidadã, etnia e raça: o trato pedagógico da diversidade. *In*: CAVALLEIRO, Eliane (org.). **Racismo e anti-racismo na educação**: repensando nossa escola. São Paulo: Summus, 2001, p. 83-96.

GOMES, Nilma Lino. Educação e Relações Raciais: refletindo sobre algumas estratégias de atuação. *In*: MUNANGA, Kabengele (org.). **Superando o Racismo na escola**. Brasília: Ministério da Educação, Secretaria de Educação Continuada, Alfabetização e Diversidade, 2008, p. 143-154.

GOMES, Nilma Lino. Alguns termos e conceitos presentes no debate sobre relações raciais no Brasil: uma breve discussão. **Educação antirracista**: caminhos abertos pela Lei Federal n.º 10.639/03. Brasília: Ministério da Educação, 2005, p. 236.

LIMA, Heloisa Pires. Personagens Negros: um breve perfil na literatura infanto-juvenil. *In*: MUNANGA, Kabengele (org.). **Superando o Racismo na escola**. Brasília: Ministério da Educação, Secretaria de Educação Continuada, Alfabetização e Diversidade, 2008, p. 101-115.

MOURA, Glória. O direito à diferença. *In*: MUNANGA, Kabengele (org.). **Superando o Racismo na Escola**. 2. ed. revisada. Brasília: Ministério da Educação, Secretaria de Educação Continuada, Alfabetização e Diversidade, 2008, p. 69-82.

MUNANGA, Kabengele. Identidade, Cidadania e Democracia: algumas reflexões sobre os discursos anti-racistas no Brasil. **Resgate**: Revista Interdisciplinar de Cultura, Campinas, SP, v. 5, n. 1, p. 17-24, 2006.

MUNANGA, Kabengele. Teorias sobre o racismo. *In*: HASENBALG, Carlos Alfredo (org). **Racismo**: perspectivas para um estudo contextualizado da sociedade brasileira. Estudos & pesquisas 4. Niterói: EDUFF, 1998, p. 43-65.

MUNANGA, Kabengele. Uma abordagem conceitual das noções de raça, racismo, identidade e etnia. Palestra proferida no 3º Seminário Nacional Relações Raciais e Educação-PENESB-RJ, 2003.

OROFINO, Maria Isabel. Mídia e educação: contribuições dos estudos da mídia e comunicação para uma pedagogia dos meios na escola. *In*: FLEURI, Reinaldo

Matias (org.). **Educação Intercultural**: mediações necessárias. Rio de Janeiro: DP&A, 2003.

SANT'ANA, Antônio Olímpio de. História e conceitos básicos sobre o Racismo e seus derivados. *In*: MUNANGA, Kabengele (org.). **Superando o Racismo na Escola**. 2. ed. rev. Brasília: Ministério da Educação, Secretaria de Educação Continuada, Alfabetização e Diversidade, 2008, p. 39-65.

SCHWARCZ, Lilia Moritz. **O espetáculo das raças**: cientistas, instituições e questão racial no Brasil. São Paulo: Companhia das Letras, 1993.

SIEWERDT, Maurício José; FLEURI, Reinaldo Matias. Mídias e mediações culturais na escola. *In*: FLEURI, Reinaldo Matias (org.). **Educação Intercultural**: mediações necessárias. Rio de Janeiro: DP&A, 2003.

SILVA, Ana Célia. A desconstrução da discriminação no livro didático. *In*: MUNANGA, Kabengele (org.). **Superando o Racismo na Escola**. 2ª ed. rev. Brasília: Ministério da Educação, Secretaria de Educação Continuada, Alfabetização e Diversidade, 2008, p. 21-34.

SILVA, Maria Aparecida. Formação de educadores/as para o combate ao racismo: uma tarefa essencial. *In*: CAVALLEIRO, Eliane (org.). **Racismo e anti-racismo na educação**: repensando nossa escola. São Paulo: Summus, 2001, p. 65-82.

SILVA, Maria José Lopes da. As artes e a diversidade étnico-cultural na escola básica. *In*: MUNANGA, Kabengele (org.). **Superando o Racismo na Escola**. 2. ed. rev. Brasília: Ministério da Educação, Secretaria de Educação Continuada, Alfabetização e Diversidade, 2008, p. 125-142.

SOUZA, Maria Izabel Porto de; FLEURI, Reinaldo Matias. Entre limites e limiares de culturas: educação na perspectiva intercultural. *In*: FLEURI, Reinaldo Matias (org.). **Educação intercultural**: mediações necessárias. Rio de Janeiro: DP&A, 2003, p. 53-84.

THEODORO, Helena. Buscando caminhos nas tradições. *In*: MUNANGA, Kabengele (org.). **Superando o Racismo na escola**. Brasília: Ministério da Educação, Secretaria de Educação Continuada, Alfabetização e Diversidade, 2008, p. 83-99.

CAPÍTULO 3

O DESAFIO DE QUALIFICAR PROFESSORES PARA A DIVERSIDADE: A REALIDADE DO ESTADO DO AMAPÁ

Efigênia das Neves Barbosa Rodrigues
Eugénia da Luz Silva Foster

INTRODUÇÃO

A formação docente nos dias atuais supõe uma constante reflexão sobre as práticas docentes diante das incertezas e dilemas que se apresentam na contemporaneidade. Essas questões não têm sido tarefa fácil para uma parcela considerável de professores(as), pois muitos(as) deles(as) não têm visualizado em suas formações, sejam iniciais ou continuadas, conhecimentos teóricos e práticos que possam qualificá-los para superar os problemas que surgem na sociedade.

Isso porque a temática formação de professores(as) sempre esteve pautada em princípios e modelos fundamentados no sistema econômico. E nos últimos anos o grau de complexidade tem aumentado, pois na medida em que as relações entre educação, cultura, cotidiano escolar, processos educativos e a ação do(a) professor(a) em sala de aula se apresentam de forma complexa, exigem dos cursos de licenciatura e mais especificamente do curso de Pedagogia possíveis respostas e/ou alternativas para a formação de docentes mais reflexivos, com uma consciência mais sensível sobre as questões sociais, ideológicas e culturais (Gomes; Silva, 2011).

Assim, é preciso que se observe que "formar-se professor dar-se-á num processo contínuo, seja nas fases distintas do ponto de vista curricular realizadas durante a formação inicial, seja na progressiva educação, proporcionada pelo exercício da profissão" (Gomes; Silva, 2011, p. 12).

Ao analisar a questão ora mencionada, compreende-se que esse processo formativo perpassa por princípios éticos, pedagógicos e didáticos que independem do grau de formação desse profissional. Dessa forma, torna-se necessário manter uma constante relação entre a formação inicial e continuada, pois os saberes construídos na formação inicial servem de ancoragem por oferecer referências importantes durante o processo formativo permitindo aos(às) professores(as) criarem e recriarem suas práticas nos primeiros anos de docência. Segundo Nóvoa (1991, p. 23):

> A formação não se constrói por acumulação (de cursos, conhecimentos ou técnicas), mas sim através de um trabalho de reflexividade crítica sobre as práticas e de (re)construção permanente de uma identidade pessoal. Por isso é tão importante investir na pessoa e dar um estatuto ao saber da experiência.

Essas reflexões nos levam a pressupor que os conhecimentos construídos na formação devam ser contextualizados e significativos com a finalidade de manter uma conexão entre o saber acadêmico e o sociocultural, pensando na formação do(a) professor(a) enquanto pessoa, profissional e acima de tudo cidadão reflexivo. Ao articular essas questões à formação, nesses termos, torna-se coerente propiciar ao educador subsídios científicos, compreensão do contexto social e cultural, para entender e mediar questões de aprendizagem e de ensino.

O que se tem observado ao longo do tempo é que a realidade da educação no Brasil não está descolada do contexto mundial e vem sofrendo significativas mudanças ocasionadas pelo processo de transformações do capital e, consequentemente, das relações de trabalho. Essas mudanças têm levado governos nas três esferas a repensarem o significado de qualidade da educação, bem como a reavaliar seus conceitos com intuito de atender às exigências econômicas, que cada vez mais demandam pessoas capazes de responder aos desafios da nova ordem do capital internacional.

Na América Latina, assim como no Brasil, as reformas econômicas de ajuste estrutural se baseiam no Consenso de Washington.[1] O consenso recomenda a abertura da economia, o corte dos gastos sociais, flexibilização dos direitos trabalhistas, privatização de estatais e o controle do déficit fiscal.

Esse conjunto de medidas representa um retrocesso para a sociedade, pois o Estado mínimo que se instalou tem contribuído para o aumento do desemprego em grande escala, e o corte nas verbas para a educação, assim como para outras áreas, tem ocasionado "uma ditadura da classe dominante sobre a classe trabalhadora, onde os direitos sociais foram banidos ou transformados em mercadorias" (Del Pino, 2002, p. 42).

---

[1] Consenso de Washington — refere-se, em última instância, a um conjunto de instituições financeiras internacionais como o Banco Mundial e o Banco Interamericano de Desenvolvimento (BID).

Gentili (1996) salienta que o neoliberalismo, além de transformar a realidade econômica, política e social dos países, inculca nas pessoas, através de processos ideológicos, a aceitação deste como única forma para solução dos problemas ocasionados pela crise.

É nesse cenário econômico que se observa que as políticas educacionais do Brasil vêm sendo orientadas pelos princípios do Banco Mundial (BM), seguindo os acordos firmados na Conferência de Educação para Todos.[2] Pautado nesses acordos, o BM vem fazendo, ao longo dos anos, investimentos na educação básica, e o propósito desses investimentos é melhorar o capital humano no intuito de reduzir o alto índice de pobreza.

Observa-se que o grande interesse do BM em investir na educação brasileira perpassa pela preocupação em qualificar os indivíduos para atenderem às necessidades mercadológicas, impulsionadas pelo capital internacional, e a escola é a instituição que promoverá esses ajustes. Sacristán (1996, p. 153) introduz um ponto importante quando afirma:

> O espírito que orienta a educação pública, herdado da Revolução Francesa, é o de ser um poder para aperfeiçoar o corpo social e servir ao seu progresso, além de servir à liberdade individual; isto é, ela está animada de propósito coletivo.

Partindo desse contexto, pode-se afirmar que a educação é uma forma de garantir o direito de todos, principalmente dos jovens trabalhadores; entretanto, uma educação pautada nos ideais do capitalismo pouco ou nada contribui para o desempenho da transmissão e reinvenção da cultura, além do estímulo à construção da cidadania. A Conferência Mundial de Educação para Todos (1990) em seu artigo 3º, inciso 4º, diz que para universalizar o acesso à educação e promover a equidade:

> Um compromisso efetivo para superar as disparidades educacionais deve ser assumido. Os grupos excluídos — os pobres: os meninos e meninas de rua ou trabalhadores; as populações das periferias urbanas e zonas rurais, os nômades e os trabalhadores migrantes; os povos indígenas; **as minorias étnicas, raciais** e linguísticas: os refugiados; os deslocados pela guerra; e os povos submetidos a um regime de ocupação — não devem sofrer qualquer tipo de discriminação no acesso às oportunidades educacionais (grifos nossos).

---

[2] A Conferência Mundial de Educação para Todos foi realizada em março de 1990 em Jomtien (Tailândia) com o apoio do BM e também de outras instituições internacionais como a Unesco, a Fundação das Nações Unidas para a Infância (Unicef) e o Programa das Nações Unidas para o Desenvolvimento (Pnud).

Observa-se no artigo 3º da Conferência de Educação para Todos que uma das formas para se alcançar qualidade na educação dos grupos minoritários, incluindo os grupos étnicos raciais, é investindo na formação do(a) professor(a). No Brasil, na década de 1990, essas iniciativas surgiram em forma de programas como reciclagem, treinamento, capacitação, entre outras questões, e visavam a uma qualificação profissional, direcionada à atuação dos(as) professores(as) no chão da escola.

Na percepção do BM, esses profissionais deveriam estar instrumentalizados para atuarem nas escolas, com o intuito de melhorar a qualidade da educação. Como se observa no artigo 4º, que trata da concentração e da atenção na aprendizagem, o inciso 1° define:

> A tradução das oportunidades ampliadas de educação em desenvolvimento efetivo — para o indivíduo ou para a sociedade — dependerá, em última instância, de, em razão dessas mesmas oportunidades, as pessoas aprenderem de fato, ou seja, apreenderem conhecimentos úteis, habilidades de raciocínio, aptidões e valores (Unesco, 1990).

Para se alcançar tais objetivos, se faz necessário pensar em uma formação pautada nos conceitos de desenvolvimento profissional. Para Garcia (1995), nesse conceito estão implícitos os princípios que proporcionarão o crescimento e a continuidade do fazer pedagógico do(a) professor(a). Esse conceito pressupõe a valorização de elementos importantes que se fazem necessários para romper com o caráter individualista dos processos de formação, além de orientar as mudanças no trabalho do professor na sociedade plural.

Nesse universo, este artigo é resultado de trabalho do Grupo de Pesquisa Educação, Interculturalidade e Relações Étnico-Raciais, cadastrado no CNPq, e tem como objetivo identificar e analisar as concepções sobre as questões raciais no Brasil, em especial no Amapá, que sustentam as práticas pedagógicas e os discursos de professores(as), no desdobramento do currículo escolar, bem como avaliar suas possibilidades de enfrentamento ao racismo. O texto é resultado de um estudo exploratório de natureza qualitativa que adotou a pesquisa bibliográfica, a análise documental e a entrevista como forma de investigação.

ALGUMAS CONSIDERAÇÕES SOBRE A ORGANIZAÇÃO DA SISTEMATIZAÇÃO EDUCACIONAL AMAPAENSE: DE 1944 A 2014

Após a desagregação do Território do Amapá do estado do Pará, a cidade de Macapá se transformou em Território, eram muitos desafios para organizar um território recém-criado, implantar um sistema educacional que era praticamente inexistente, convencer os moradores que viviam de forma humilde e acostumados à labuta diária da roça, à vida simples; transformar o modo de vida desses caboclos amazônidas tornou-se um grande desafio ao novo governador.

De acordo com Lobato (2009), com o compromisso de melhorar o nível de escolaridade no novo Território, o governador da época, Janary Nunes, viu na escola essa possibilidade e incumbiu aos(às) professores(as) essa responsabilidade. Esperava-se dos(as) professores(as) e da escola um trabalho que contribuísse com a mudança na forma de pensar das pessoas, somente dessa forma o Amapá entraria na rota de desenvolvimento econômico.

Para alcançar os objetivos traçados, Janary Nunes toma medidas urgentes para melhorar a educação no Território, expandiu o número de grupos escolares passando para 23, bem como estipulou o novo horário de funcionamento das escolas para três turnos, ampliando ainda o número de professores(as) para 33, instalando a Cooperativa Agrícola Escolar[5]. Cria ainda o curso ginasial, fazendo-o funcionar num prédio que no início chamou-se Ginásio Amapaense e, posteriormente, Escola Barão do Rio Branco, além da formação de professores(as) através de cursos de férias oferecidos no período de recesso escolar[3].

Esses cursos tinham por objetivos repassar aos docentes novas técnicas de ensino, bem como a difusão das ideias e valores do sistema de governo que estava em vigor na época. Nesses cursos, o governador costumava proferir suas palestras como forma de ensinar aos docentes como deveriam agir em sala de aula com seus alunos, na visão do governo o trabalho deveria ter disciplina com a finalidade de melhorar o nível de escolaridade da população amapaense.

De acordo com Lobato (2009, p. 128), ao assumir o governo, Janary Nunes percebeu que a população amapaense era composta por pessoas analfabetas, pois através do relatório das atividades do governo a forma de registro nas folhas de ponto era a "datiloscopia do dedo polegar".

Segundo Santos (1998), a população amapaense era constituída por 26 mil habitantes para ser atendida por sete escolas assim distribuídas: duas em Macapá, uma no Amapá, uma na Vila de Mazagão Velho, uma no Rio Pedreira e a última no povoado de Tarumã em Oiapoque. Segundo ainda esse autor, nenhuma escola de caráter privado.

---

[3] O primeiro desses cursos foi realizado na segunda quinzena de junho de 1944, na cidade de Macapá, com a participação de 23 professores.

Essas escolas atendiam 295 alunos(as) e eram totalmente desprovidas de recursos materiais, financeiros e estrutura física. O quadro docente era formado por dez professores(as) ativos(as), dos quais cinco eram leigos e cinco normalistas, e o mais grave de tudo isso, esses profissionais não eram qualificados para atuarem em sala de aula.

Na concepção de Janary Nunes, o novo homem amapaense deveria ser ambicioso, ativo e interessado no lucro, visando ao enaltecimento da economia nacional e local; para tanto, era necessária uma nova forma de educar e viver. Janary Nunes entendia que a forma como gerenciava a educação era correta e reprimia qualquer manifestação contrária à sua gestão. O ensino, por sua vez, restringia-se à exaltação e à valorização do seu governo, considerando-se antipatriota e contrária ao desenvolvimento da região qualquer contestação da autoridade governamental. Nesse sentido,

> O ensino nas terras amapaenses, apesar de oficialmente instituído há quase um século e meio, ensinava somente até o terceiro ano do primário, através de um currículo anacrônico, com os alunos aprendendo tão somente elementares conhecimentos de leitura, escrita e matemática, o que era muito pouco para uma sociedade em estruturação e que precisava de pessoas capacitadas e motivadas para levar o termo em propósito (Santos, 1998, p. 40).

Para atender à realidade das escolas recém-criadas, o governo contava com um quadro improvisado de professores(as). Selecionados(as) entre aqueles que possuíam o nível médio e superior, geralmente vinham de outros estados, como Pará e Ceará, entre outros do Nordeste, atraídos pelos salários vantajosos. Do próprio Amapá foram contratados professores leigos ou detentores de certificados de conclusão de curso normal (antigo Magistério), obtidos na capital paraense, pois a primeira escola normal do Amapá só veio a funcionar em 1949.

O quadro caótico referente à má qualificação do(a) professor(a) perdurou por muitos anos, mesmo com programas de formação — denominados exame de suficiência — oferecidos aos professores, que não possuíam qualificação para atuarem em turmas de ensino fundamental do segundo seguimento; esses cursos eram ofertados pela Universidade Federal do Pará (UFPA) com a anuência do Conselho Nacional de Educação (CNE), ainda assim o quadro de docentes era precário (Nascimento, 2008).

A POLÍTICA DE FORMAÇÃO CONTINUADA NO ESTADO DO AMAPÁ NOS ÚLTIMOS QUINZE ANOS

Para que possamos conhecer de forma ampla as Políticas de Formação Continuada para professores(as) no estado do Amapá, faremos uma análise das políticas e programas de formação para professores(as) ofertados pela rede estadual em parceria com a Universidade Federal do Amapá (Unifap) e instituições privadas nos últimos quinze anos.

A partir da metade da década de 1990, por força da legislação educacional, o governo estadual do Amapá traça, em conjunto com a Unifap, um plano com a finalidade de qualificar os(as) professores(as) que não possuíam habilitação específica para exercer suas atividades da docência no ensino fundamental em diversas áreas do conhecimento. O Curso de Suficiência foi ofertado em julho de 1997.

Mesmo com toda a preocupação em qualificar os docentes, o número de professores(as) que atuavam em turmas de ensino fundamental e médio e que continuavam sem a devida habilitação era bem significativo. Então, considerando os artigos 61, inciso I, artigo 62, parágrafo 1º e 4º, e o artigo 63, incisos II e III, da Lei de Diretrizes e Bases da Educação Nacional (LDB) n.º 9.394/1996, a Unifap firmou um convênio com o Governo do Estado do Amapá e as prefeituras de Laranjal do Jari, Serra do Navio, Amapá, Calçoene, Pracuúba, Afuá, Ferreira Gomes e Porto Grande no ano de 2000, com o objetivo de qualificar o corpo docente pertencente aos seus quadros de pessoal e melhorar a qualidade do ensino no estado e municípios. A Unifap atendeu mais de 12.292 acadêmicos(as) e/ou professores(as) no ano de 2000, como demonstram os quadros a seguir, conforme os relatórios de gestão da Unifap no período de 2000 a 2001.

Quadro 1 – Processo seletivo especial Secretaria de Estado de Educação do Amapá (Seed)

Curso	N.º de Vagas	N.º de Inscritos	Relação Candidatos/Vaga	Vagas Preenchidas
Pedagogia	2.500	2.826	1,13	1.880

Fonte: Daves/Unifap

Quadro 2 – Processo seletivo especial municípios do Amapá/Calçoene/Pracuúba

Curso	N.º de Vagas	N.º de Inscritos	Relação Candidatos/Vaga	Vagas Preenchidas
Pedagogia	310	310	1,00	206

Fonte: Daves/Unifap

Quadro 3 – Processo seletivo especial municípios de Ferreira Gomes/Porto Grande/Serra do Navio

Curso	N.º de Vagas	N.º de Inscritos	Relação Candidatos/Vaga	Vagas Preenchidas
Pedagogia	115	124	1,08	81
História	50	50	1,00	29
Total	165	174	1,05	110

Fonte: Daves/Unifap

Quadro 4 – Processo seletivo especial município de Afuá, estado do Pará

Curso	N.º de Vagas	N.º de Inscritos	Relação Candidatos/Vaga	Vagas Preenchidas
Pedagogia	200	220	1,10	192

Fonte: Daves/Unifap

Conforme os quadros anteriores se percebe um número significativo de professores qualificados no período de 2000 a 2001, cumprindo a exigência legal e melhorando a qualidade de ensino e aprendizagem das crianças, jovens, adolescentes e adultos no estado do Amapá.

Como se observa, a preocupação primeira do governo era a formação inicial superior do(a) professor(a), pois a carência desses profissionais interferia na qualidade de ensino. Mas a LDB exigia também dos gestores um olhar para a formação continuada dos profissionais da educação. Nesse sentido, o governo da época cria o Centro de Formação e Desenvolvimento de Recursos Humanos em 23 de dezembro de 1996, para coordenar e executar a política de formação e desenvolvimento dos servidores do estado. No entanto, não se tem registro de nenhuma ação desse órgão voltada para a qualificação de professores(as) no que concerne a programa de pós-graduação.

No ano de 2004, o Centro de Formação e Desenvolvimento de Recursos Humanos passa por mudanças e passa a se chamar Escola de Administração Pública do Amapá (EAP) através da Lei n.º 811, de 20 de fevereiro de 2004, regulamentada pelo Decreto n.º 998, de 1 de fevereiro de 2005, com *status* de autarquia do Governo do Estado do Amapá.

Com a mudança de Centro para Escola, as atribuições foram redefinidas e novos programas, projetos e ações voltados para a formação, desenvolvimento e valorização dos servidores foram definidos. A instituição atende todos os servidores do estado e abrange todas as áreas do conhecimento, no entanto iremos centrar as análises na oferta de cursos de formação continuada para professores(as) da rede pública de ensino.

As iniciativas de formação de professores(as) passaram a ser pauta de discussões na agenda do governo a partir do ano 2000, devido às reivindicações do Sindicato dos Servidores Públicos em Educação no Amapá (Sinsepeap), bem como devido às cobranças da sociedade em geral por uma educação de qualidade.

Na tentativa de cumprir os compromissos com a formação dos(as) professores(as) amapaenses no ano de 2013, a EAP publicou um edital ofertando 50 vagas para o curso de pós-graduação em Docência e Interdisciplinaridade na Educação Básica e Educação de Jovens e Adultos, em parceria com o Instituto Federal do Amapá (Ifap), com carga horária de 360 horas.

Em 2014 a EAP, através da Faculdade Apoena, qualificou mais 480 professores(as) da rede estadual de ensino. No total foram dez cursos, a saber: Especialização em Educação Especial e Inclusiva, Especialização em Educação Física Escolar, Especialização em Metodologia da Aprendizagem da Matemática, Especialização em Estatística com Ênfase em Educação, Especialização em Metodologia do Ensino do Meio Ambiente, Especialização em Metodologia do Ensino da Língua e das Literaturas de Expressão Francesa, Especialização em Metodologia do Ensino de Artes, Especialização em Metodologia do Ensino da Língua Portuguesa e Literatura, Especialização em Metodologia do Ensino de Geografia e Especialização em Educação Escolar Indígena.

Ressaltamos que o Curso de Especialização em Educação Escolar Indígena foi ofertado no período das férias escolares, janeiro e julho, devido às especificidades dos cursistas, que são professores(as) indígenas que moram nas aldeias, e o deslocamento nos finais de semana até a capital torna-se inviável, principalmente por questões financeiras e carência de transporte.

Considerando ainda as instituições governamentais que atuam em cursos de formação continuada de professores(as), existe um anexo à Seed, o Núcleo de Formação Continuada para professores (Nufoc), órgão composto por um coletivo de 16 professores(as), vinculados à Coordenadoria de Recursos Humanos (CRH) da Seed.

O Nufoc surgiu em 2003 por iniciativa de um grupo de professores(as) que atuavam no Instituto de Educação do Amapá (Ieta), um colégio voltado para a formação de professores em nível de segundo grau, criado na cidade de Macapá em 1949, hoje extinto. O Nufoc passou a existir por direito e ter visibilidade em 2004, após muito diálogo e constantes debates com os(as) gestores(as) educacionais em busca do reconhecimento institucional.

Após seu reconhecimento, o Nufoc passou a atender professores(as) de toda a rede, incluindo todos os municípios, através de um projeto denominado "Educação semeando vida e cuidando da comunidade: religando o conhecer ao viver com vida". As atividades do projeto são desenvolvidas através de oficinas pedagógicas e as ações são mantidas com recursos dos(as) próprios(as) professores(as), pois a Seed não disponibiliza nenhuma verba para a execução das atividades.

Ao longo dos últimos anos, o Nufoc já realizou oficinas de avaliação da aprendizagem, planejamento, relações interpessoais, entre outras atividades. As oficinas têm a duração de um ou mais dias, dependendo da necessidade da escola, porém não há certificação. O professor Orivaldo Azevedo, integrante do grupo que compõe o Nufoc, relatou que existem produções organizadas pelos(as) professores(as) durante as oficinas. Entre estas, duas revistas e um livro, que ficam guardadas no anonimato, sem publicação por falta de apoio financeiro. No entanto, com todas as dificuldades, o Nufoc está fazendo a educação acontecer através de suas contribuições.

Uma reflexão a ser considerada é que ao longo desse tortuoso caminho o qual a educação amapaense vem trilhando, observou-se que tanto a EAP quanto o Nufoc não provocaram nenhuma discussão sobre a temática Educação para as Relações Étnico-Raciais, muito menos em termos de cursos de pós-graduação. A justificativa é que já foi realizado um curso em 2013 para 100 professores(as) da rede estadual. Vale ressaltar que hoje o Amapá possui um quadro com aproximadamente 11 mil professores(as) distribuídos nos 16 municípios do estado.

No estado do Amapá as discussões sobre Educação para as Relações Étnico-Raciais iniciaram tardiamente em 2008, cinco anos após a promulgação da Lei n.º 10.639/2003. A temática só passou a ter visibilidade nas escolas estaduais e municipais com a assinatura da Lei Estadual n.º 1.196, de 14 de março de 2008.

De acordo com dados do Instituto Brasileiro de Geografia e Estatística (IBGE), Censo de 2010, o estado do Amapá possui uma população considerável de negros, de tal forma que fomentar essas discussões é algo primordial. A tabela a seguir nos mostra os dados de autodeclaração nos anos de 2006 a 2010, e o que se observa é um percentual que, mesmo com expressividade baixa em relação a outras cores, ainda assim, aponta que as discussões são necessárias, já que se busca a construção de uma sociedade plural. Vejamos a Tabela 1 a seguir:

Tabela 1 – População total e respectiva distribuição de percentual no estado do Amapá, por cor ou raça (2006–2010)

ANO	TOTAL (1.000 PESSOAS)	BRANCA	PRETA	PARDA	AMARELA OU INDÍGENA
2006	596169	21,4	4.5	76,4	0,8
2007	619	23,3	6,5	70,1	0,1
2008	641	27,6	8,1	62,2	2,0
2009	626	17,6	7,6	74,7	0,4
2010	640	26,2	6,3	66,9	0,3

Fonte: IBGE, Pesquisa Nacional por Amostra de Domicílios (2005, 2006, 2007, 2008, 2009, 2010)

A tabela nos mostra que, de acordo com dados estatísticos do IBGE (2006–2010) em 2006, um percentual de 21,4% da população do estado do Amapá era considerado de pessoas brancas. Em 2008 esse número subiu para 27,6% e em 2010 caiu para 26,2%. No mesmo ano de 2006 um percentual de 4,5% da população era de pessoas negras. Em 2008 o índice aumentou para 8,1% e em 2010 houve um decréscimo 6,6%. A cor parda em 2006 foi de 73,4%; em 2009, 74,7%; e, em 2010, 66,9%. O percentual de amarelos ou indígenas em 2006 foi de 0,8%; em 2008, 2,0%; e, em 2010, 0,3%. Com base nesses dados, conclui-se que a maioria da população do estado do Amapá atualmente é parda (IBGE, 2010, grifos nossos).

Considerando ainda os dados compilados anteriormente, pode-se considerar que a autodeclaração de pessoas pretas no estado do Amapá, nos anos de 2006 a 2007, aumentou em 44,44%, de 2007 para 2008. O índice estabilizou em 24,61%; já no período de 2008 a 2009, houve um decréscimo de 9,87%; e de 2009 a 2010 reduziu em 9,58%. Esses dados foram importantes para a realização de reflexões acerca da identidade do povo amapaense, que é composta por uma parcela significativa de negros(as), mas que não se reconhecem como negros. Munanga (2009, p. 35) afirma que:

> É através da educação que a herança social de um povo é legada às gerações futuras e inscrita na história. [...] a memória que lhe inculcam não é de seu povo; a história que lhe ensinam é outra; os ancestrais africanos são substituídos por gauleses e francos de cabelos loiros e olhos azuis; os livros estudados lhe falam de um mundo totalmente estranho, da neve e do inverno que nunca viu, da história e da geografia das metrópoles; o mestre e a escola representam um universo muito diferente daquele que sempre a circundou.

Os dados ainda nos fazem refletir sobre como estão sendo veiculadas pela escola e mídia as questões relacionadas ao preconceito no Amapá, pois ele se apresenta de forma velada, como afirma Munanga, "alimentando o mito brasileiro de estarmos vivendo em um paraíso de coexistência e de aceitação das singularidades" (Ferreira, 2009, p. 18). Observa-se que são muito comuns as negações em relação à cor ou à raça, fato evidenciado através do resultado dos dados do IBGE no ano de 2010.

Para Romanelli (2003), a história da educação brasileira nos mostra que a formação do(a) professor(a) nunca foi prioridade dos governos; ainda no período colonial, quando os padres jesuítas eram os únicos educadores, nunca se tratou da questão com seriedade. Em 1759, após a expulsão dos padres jesuítas, a Coroa Portuguesa contrata professores leigos, com qualificação deficitária, e péssimos salários, ocasionando uma grande deficiência na educação colonial, fato que se estende até os dias atuais.

Sacristán (2000) enfatiza que o processo de formação do(a) professor(a) ainda apresenta amarras, pois as políticas de formação de professores(as) são conduzidas através de pacotes prontos e fechados, aplicadas em diversas realidades, somente para resolver as questões emergenciais. As discussões do autor mostram a importância da formação contínua de professores(as) para a efetivação de uma educação com qualidade e que busque a equidade social.

O movimento social negro através de suas organizações pressionou o governo estadual a cuidar da formação continuada dos(as) professores(as) para atuarem nessas áreas do conhecimento (Educação, História), esse fator vem adquirindo, nas últimas décadas, visibilidade, principalmente após a promulgação da Lei n.º 10.639/2003.

Em 2012, o estado do Amapá cria o Conselho Estadual de Promoção da Igualdade Racial (Coepir) através da Lei n.º 1.700, de 17 de julho de 2012, em cujo parágrafo 1º diz que o Coepir é um órgão de caráter permanente, consultivo e deliberativo vinculado à Secretaria de Estado da Inclusão e Mobilização Social (Sims) que tem por finalidade propor políticas públicas que promovam a igualdade racial no estado[4].

No artigo 2º da referida Lei observam-se os seguintes objetivos para o Coepir: I – combater a prática do racismo; II – combater o preconceito e a discriminação racial; III – reduzir as desigualdades sociais, inclusive no aspecto econômico, financeiro, social, político e cultural, ampliando o processo de controle social sobre as referidas políticas; IV – garantir o fiel cumprimento do Estatuto da Igualdade Racial. Entretanto, o Coepir não contempla a qualificação de professores(as). Vale ressaltar que a Lei n.º 10.639/2003 determina que o poder executivo gerencie a formação docente dos que atuam em sala de aula, além de estimular o diálogo entre as Instituições de Ensino Superior (IES) para reformularem suas matrizes curriculares.

CURSO DE ESPECIALIZAÇÃO EM ENSINO DE HISTÓRIA E DA CULTURA AFRO-BRASILEIRA

Em 2013 na tentativa de atender às ações previstas na legislação federal e estadual, o Governo do Estado do Amapá, através do Núcleo de Educação Étnico-Racial (Neer), órgão ligado à Seed, firmou um acordo com a Faculdade Atual para a realização de um curso de pós-graduação para docentes da rede estadual de ensino que atuam na capital do estado e no campo. O curso teve como objetivos:

> Capacitar profissionais para a desconstrução do imaginário social negativo em relação à população negra, criar situações de aprendizagem que possibilitem reflexão e discussão

---
[4] Ver também Resolução n.º 51/2012-CEE/AP, que estabelece normas complementares às diretrizes curriculares nacionais para a educação das relações étnico-raciais e para o ensino de História e Cultura Afro-Brasileira, Africana e Indígena no currículo da educação básica e superior do sistema estadual de ensino do estado do Amapá e revoga a Resolução n.º 75/2009-CEE/AP.

> sobre a diversidade e questões étnico raciais presentes no país, ensinando criticamente sobre os diferentes grupos que compõem a sociedade, possibilitar que os profissionais desenvolvam competências para atuar nas diferentes áreas do conhecimento, compreendendo que a educação tem papel preponderante na formação da diversidade étnica dos cidadãos, sem perder de vista o caráter universal do saber e da dimensão nacional de sua identidade. Assim, garantir o direito à memória e ao conhecimento da História Afro-brasileira, oferecer subsídios teórico-práticos para o ensino da História e da Cultura Afro-brasileira e Africana no contexto escolar além de capacitar professores para a organização curricular, elaboração de material didático e para as práticas educativas que envolvam os conteúdos de História e da Cultura Afro-brasileira e Africana (Neer, 2012, p. 2).

A realização do curso atendeu às exigências da Proposta de Plano Nacional de Implantação das Diretrizes Curriculares Nacionais da Educação das Relações Étnico-Raciais e para o Ensino da História e Cultura Afro-Brasileira e Africana, conforme Lei n.º 10.639/2003.

Participaram do curso 100 professores(as) do quadro efetivo da rede estadual de ensino, com uma carga horária de 360 horas divididas em 12 módulos com carga horária de 30 horas cada módulo, como se observa: História e Cultura Afro-Brasileira, História da África I, História da África II, Escravidão e Identidade Africana na Amazônia/Presença Negra no Amapá, Religiosidade Africana e Afro-Brasileira, Raça, Gênero e Sexualidade Africana, Estado, Sociedade Civil e Questão Étnico-Racial no Brasil — O Movimento Negro, Literatura e Oralidade Africana, História, Pluralidade Cultural e Parâmetros Curriculares Nacionais, Oficina: História e Cultura Africana e Afro-Brasileira, Oficina de Produção de Material Didático, Metodologia da Pesquisa Educacional.

Para não comprometer o período letivo, as disciplinas foram ministradas nas sextas-feiras nos turnos da tarde e noite e aos sábados pela manhã, tarde e noite. O convênio firmado entre Governo do Estado e Faculdade Atual para a realização do curso foi de R$ 78.000,00 divididos em quatro parcelas.

Segundo a secretária da Secretaria Extraordinária de Políticas Afro-descendentes (Seafro), o curso foi custeado pelo Governo do Estado e teve a duração de oito meses. A estimativa era de que 70% dos professores seriam destinados a lecionar nas 26 escolas quilombolas do estado. Para Pereira (2012, p. 8):

> A Pós-Graduação é fundamental para o fortalecimento da identidade e história do povo do Amapá. A importância dessa qualificação é fundamental para difundir a cultura afro-brasileira no ensino básico, pois o negro não se reconhece desde criança é muito difícil combater o racismo e promover a igualdade racial.

O governador do estado, após o evento, em entrevista local ao *Jornal do Dia* (Pereira, 2012, p. 8), afirmou que "a especialização dos educadores é uma forma de reconhecer e fortalecer a diversidade da cultura brasileira, da qual faz parte a história negra". A partir da fala do governador, percebe-se que o curso deveria contribuir com uma nova postura do(a) professor(a), de modo que esse profissional seria desafiado a desconstruir ideias e concepções já formadas sobre a cultura africana, refletir sobre suas ações diariamente com o intuito de enxergar, ver, reparar em tudo aquilo que se tornaria invisível na rede escolar ao longo da história do Brasil e amapaense (Pereira, 2012, p. 8–9). Entretanto, na prática, essas questões ainda são bastante complexas, pois a maioria desses profissionais não tem encontrado espaço para discutir questões voltadas à educação para as relações raciais.

CONSIDERAÇÕES FINAIS

Na história do Brasil e na constituição do processo educativo, vivenciamos a ausência da cultura afro-brasileira no currículo escolar, mas sempre se percebeu de forma extraordinária o reconhecimento da cultura dominante, sendo reconhecida por grupos que não a possuem. Essa análise nos mostra que, ao longo dos anos, a discriminação racial e a exclusão surgem de forma diferente, com uma nova camuflagem carregada de ideologias que produzem e reproduzem a exclusão escolar e social.

Mas também se apresenta como espaço de confronto em busca de mudanças. A escola é um dos principais mecanismos de transformação de uma população, sendo seu papel estimular a promoção do ser humano em sua integralidade na formação de valores, hábitos e comportamentos que respeitem as diferenças e as especificidades dos grupos. Nesse sentido, a promulgação da Lei n.º 10.639/2003 nos leva a refletir sobre questões fundamentais que definem a organização e efetivação do trabalho na escola, pois é sabido que o(a) professor(a) precisa ter clareza de qual indivíduo pretende formar e para qual sociedade, de forma que a corrente teórica adotada por ele na sua prática torna-se fundamental.

Neste artigo, procuramos refletir sobre a formação de professores(as) e a educação para as Relações Étnico-Raciais na educação básica no Amapá, como mecanismo de implementação da lei em pauta. Mesmo percebendo as lacunas, bem como os obstáculos no currículo escolar, no que diz respeito aos conteúdos de matrizes africanas, ainda assim acreditamos que é possível uma educação fundamentada no respeito à diversidade, na autonomia pedagógica, na construção de valores e na tentativa de construir caminhos que nos levem à reflexão do diferente sem esquecer das suas singularidades.

REFERÊNCIAS

BRASIL. **Lei nº 9.394, de 20 de dezembro de 1996**. Estabelece as diretrizes e bases da educação nacional. Disponível em: http://www.planalto.gov.br/ccivil_03/Leis/L9394.htm. Acesso em: 9 jun. 2017.

BRASIL. **Lei nº 10.639, de 9 de janeiro de 2003**. Institui a obrigatoriedade do ensino de História e Cultura Afro-brasileira e Africana no Currículo da Educação Básica. Disponível em: http://www.planalto.gov.br/ccivil03/Leis/2003/L10.639.htm. Acesso em: 18 out. 2017.

BRASIL. **Lei *nº 1.196*, de 19 de fevereiro de 2008**. Institui a obrigatoriedade do ensino de História e Cultura Afro-brasileira e Africana no currículo da Educação Básica e dá outras providências. Publicada no Diário Oficial do Estado do Amapá n.º 4210, de 14 de março de 2008. Autor: Deputado Camilo Capiberibe.

BRASIL. **Lei nº 11.645, de 10 de março de 2008**. Altera a Lei n.º 9.394, de 20 de dezembro de 1996, modificada pela Lei n.º 10.639, de 9 de janeiro de 2003, que estabelece as diretrizes e bases da educação nacional, para incluir no currículo oficial da rede de ensino a obrigatoriedade da temática "História e Cultura Afro-Brasileira e Indígena". Disponível em: http://www.planalto.gov.br/ccivil03/ato2007-2010/2008/lei/l11645.htm. Acesso em: 18 out. 2017.

BRASIL. **Resolução nº 51/2012-CEE/AP**. Estabelece normas complementares às diretrizes curriculares nacionais para a educação das relações étnico-raciais e para o ensino de História e Cultura Afro-Brasileira, Africana e Indígena no currículo da educação básica e superior do sistema estadual de ensino do estado do Amapá e revoga a Resolução n.º 75/2009-CEE/AP.

BRASIL. Lei nº 1.700, de 17 de julho de 2012. Cria o Conselho Estadual de Promoção da Igualdade Racial e dá outras providências. Disponível em: http://www.al.ap.gov.br/ver_texto_lei.php?iddocumento=38014. Acesso em: 25 abr. 2017.

CONFERÊNCIA MUNDIAL DE EDUCAÇÃO PARA TODOS. **Declaração Mundial de Educação para Todos**. Plano de Ação para Satisfazer as Necessidades Básicas de Aprendizagem. Brasília, DF: UNIFEC, 1990.

INSTITUTO BRASILEIRO DE GEOGRAFIA E ESTATÍSTICA (IBGE). **Censo da populacional negra de 2010**. Disponível em: http://www.ibge.gov.br/home/estatistica/populacao/default_censo_2000.shtm. Acesso em: 25 abr. 2017.

DEL PINO, Mauro Augusto Burkert. Política educacional, emprego e exclusão social. *In*: GENTILI, Pablo; FRIGOTTO, Gaudêncio. **A Cidadania Negada**: política de exclusão na educação e no trabalho. São Paulo: Cortez, 2002.

GARCIA, Olgair Gomes. **Refletindo sobre a aula**: descobrindo um caminho para a formação do educador da escola pública. 1995. 282 f. Dissertação (Mestrado em Educação) — Pontifícia Universidade Católica de São Paulo, São Paulo, 1995.

GENTILI, Pablo. Neoliberalismo e educação: Manual do Usuário. *In*: SILVA, Tomaz Tadeu da; GENTILI, Pablo (org.). **Escola S.A.**: quem ganha e quem perde no mercado educacional do neoliberalismo. Brasília: CNTE, 1996.

LOBATO, Sidney da Silva. **Educação na Fronteira da Modernização**: a política educacional no Amapá (1944-1956). Belém: Paca-Tatu, 2009.

GOMES Nilma Lino; SILVA, Petronilha Beatriz Gonçalves e (org.). O desafio da diversidade. *In*: **Experiências étnico-culturais para a formação de professores**. 3. ed. Belo Horizonte: Autêntica, 2011. (Coleção Cultura Negra e Identidade).

GOVERNO DO ESTADO DO AMAPÁ. Escola de Administração Pública do Estado do Amapá (EAP). **Cursos de Formação de Professores**. Disponível em: http://www.eap.ap.gov.br/. Acesso em: 25 abr. 2015.

MUNANGA, Kabengele. **Rediscutindo a Mestiçagem no Brasil**: identidade nacional versus identidade negra. Belo Horizonte: Autêntica, 2009.

NASCIMENTO, Simone do Socorro Freitas do. **Representações sociais de professores sobre formação continuada em Educação Especial**. 2008. 170 f. Dissertação (Mestrado em Educação) — Universidade Estácio de Sá, 2008.

NÓVOA, António. **Profissão Professor**. Portugal: Porto Editora, 1991.

PEREIRA, Mário. **Formação Continuada para Professores**. Diário do Amapá. Caderno Periódico, 2012.

ROMANELLI, Otaíza de Oliveira. **História da educação no Brasil (1930-1973)**. Petrópolis, RJ: Vozes, 2003.

SACRISTÁN, José Gimeno. Educação Pública: um modelo ameaçado — Manual do Usuário. *In*: SILVA, Tomaz Tadeu da; GENTILI, Pablo (org.). **Escola S.A.**: quem ganha e quem perde no mercado educacional do neoliberalismo. Brasília: CNTE, 1996.

SACRISTÁN, José Gimeno. **O currículo**: uma reflexão sobre a prática. Porto Alegre: Artmed, 2000.

SANTOS, Fernando Rodrigues dos. **História do Amapá**. 4. ed. Macapá, AP: Editora Valcan, 1998.

SECRETARIA DE ESTADO DE EDUCAÇÃO DO AMAPÁ. Núcleo Estadual de Educação Étnico-Racial (NEER): **Relatório de atividades e projetos**. Macapá-AP, 2012.

SECRETARIA DE ESTADO DE EDUCAÇÃO DO AMAPÁ. Núcleo de Formação Continuação (NUFOC). **Ações e projetos**. Macapá-AP, 2012-2013.

UNIVERSIDADE FEDERAL DO AMAPÁ (UNIFAP). Departamento de Apoio ao Vestibular (DAVES). **Relatórios de gestão**. Macapá-PA: 2000-2001.

CAPÍTULO 4

EDUCAÇÃO PARA AS RELAÇÕES ÉTNICO-RACIAIS NO AMAPÁ: ANÁLISES E PERSPECTIVAS

Moisés de Jesus Prazeres dos Santos Bezerra
Eugénia da Luz Silva Foster

INTRODUÇÃO

Para adentrarmos as análises sobre o *tema* deste artigo, qual seja: a educação para as relações étnico-raciais no Brasil e seu desdobramento no estado do Amapá, é necessário compreendermos, primeiramente, as motivações e a contextualização sociopolítica na qual essa demanda social está inserida. Assim, vale destacar que, no âmbito legal, já se visualiza uma malha legislativa sobre o assunto, sendo que a Lei n.º 10.639/2003, que completou em 2023 vinte anos de existência, é um desses documentos normativos que introduzem temáticas raciais no âmbito da educação nacional. Essa Lei inclui no currículo oficial das redes de ensino a obrigatoriedade da temática "História e Cultura Africana e Afro-Brasileira".

Outro documento que reforça tal inclusão é a Lei n.º 11.645/2008, que trata da obrigatoriedade da "História e Cultura Africana, Afro-Brasileira e Indígena" em todo o currículo escolar, e há, ainda, as resoluções do Conselho Nacional de Educação n.º 1/2004 — que estabelece as Diretrizes Curriculares Nacionais das Relações Étnico-Raciais e para o Ensino de História e Cultura Afro-Brasileira — e n.º 8/2012 — que define as Diretrizes Curriculares Nacionais para a Educação Escolar Quilombola.

Dessa forma, pode-se dizer que os citados documentos são resultado de lutas e reivindicações do movimento social negro do nosso país, configurando-se em um conjunto de leis e normativas denominadas de "Políticas de Ações Afirmativas". Essas políticas têm por objetivo promover a igualdade de direitos e oportunidades, bem como a equidade e a integração social da população negra brasileira, historicamente desfavorecida e sequelada pelos horrores da escravidão e pelo racismo presente em nossa sociedade.

Tais medidas foram adotadas pelo governo brasileiro após a Conferência Mundial contra o Racismo, Discriminações Raciais, Xenofobia e Intolerâncias correlatas, realizada em setembro de 2001, em Durban, na África do Sul, contando com a participação de 173 países, 4 mil organizações não governamentais e mais de 20 mil delegados de diferentes nacionalidades e grupos sociais.

Segundo Pereira e Brasileiro (2016), a Conferência de Durban apresentou-se como um importante termômetro para a problematização das situações de racismo e intolerância vivenciadas no mundo, em especial contra as populações negras, indígenas e outros povos originários. Conforme as autoras, o Brasil, na ocasião da Conferência, foi identificado como um país omisso em questões de inclusão étnico-racial, sendo por isso pressionado internacionalmente a tomar medidas de combate e superação de tais mazelas sociais.

Por conta disso, iniciou-se uma agenda de políticas públicas antirracistas, promovendo ações afirmativas. Contudo, partindo do pressuposto de que as políticas públicas são sempre conquistas sociais e nunca benesses de governos, compreendemos a educação como possibilidade de tomada de consciência e processo de resistência, sendo uma ação para a liberdade e problematização das situações e contextos de opressão; portanto, é necessário pensar além do "messianismo pedagógico", termo utilizado por Tragtenberg (2012).

Em concordância com o prestigiado estudioso, acreditamos que a educação por si só não transformará o mundo, a escola não será o único meio de emancipação social, pois o ser humano, como ser histórico, faz parte de um processo transformador, como ser ativo de consciência crítica sobre sua prática.

A partir de uma visão crítica da educação e compreendendo sua importância social, temos o problema de pesquisa: como a educação para as relações étnico-raciais está sendo vivenciada no sistema escolar público do estado do Amapá, passados vinte anos da promulgação da Lei n.º 10.639/2003, que tornou obrigatório o ensino da história e cultura africana e afro-brasileira em todos os níveis e modalidades da educação nacional?

Com essa questão norteadora, o objetivo deste texto é analisar quais os caminhos percorridos pela educação para as relações étnico-raciais no extremo norte do Brasil, destacando os desafios, avanços e perspectivas, na busca de uma educação antirracista, verdadeiramente inclusiva e democrática para todas as pessoas, em especial para a população negra, tão alijada de direitos e dignidade.

Quanto à metodologia, é um trabalho de abordagem qualitativa, pois a pesquisa está localizada no contexto das Ciências Humanas, preocupando-se em analisar a área da educação, em especial a educação para as relações étnico-raciais. Concordamos com Denzin e Lincoln (2006) que a pesquisa qualitativa possibilita o "mergulho" na realidade estudada, configurando-se em ações interpretativas e modificadoras de realidades e, por conta disso, um estudo qualitativo é aquele que estuda cada fenômeno no seu contexto, considerando a intencionalidade destes.

Este trabalho está organizado em três seções: na primeira, intitulada *O racismo e a educação no Brasil*, fazemos uma breve contextualização histórica da educação da população negra em nosso país, destacando os desafios, as lutas e as resistências frente ao processo de escravidão e subalternização pelo qual africanos e seus descendentes passaram e continuam a passar, pois, mesmo que o Brasil tenha uma população significativamente negra, ainda é racista e perpetuador de relações exploratórias e discriminatórias.

Na segunda seção, nomeada *Educação para as relações étnico-raciais*, trazemos os elementos epistemológicos, éticos e a importância social da Lei n.º 10.639/2003 como um marco histórico na educação nacional, possibilitada pela luta dos movimentos negros do país, em busca de condições dignas para a educação de pessoas negras e não negras, de forma antirracista e inclusiva.

Na terceira, que tem por título *Educação para as relações étnico-raciais no Amapá*, apresentamos uma discussão sobre como a educação para as relações raciais tem acontecido no estado do Amapá, extremo norte do Brasil, com seus desafios, perspectivas e anseios, em busca de relações sociais e educativas democráticas e inclusivas.

O presente estudo, de forma sucinta, nos convida a refletir e avaliar os vinte anos da promulgação da Lei n.º 10.639/2003, percebendo que a promulgação de uma lei nem sempre garante sua aplicação, e ainda que, para a vivência de uma educação libertadora, inclusiva e verdadeiramente democrática, as vozes e os sujeitos que historicamente foram silenciados e excluídos precisam ser ouvidos, pensando e executando ações dialógicas e afirmativas.

O RACISMO E A EDUCAÇÃO NO BRASIL

A história da população negra no Brasil é marcada por muitas lutas e processos de resistência e afirmação, configurando um cenário de grandes desafios, alguns avanços e perspectivas para o combate ao racismo.

No campo educacional, o ensino para as relações étnico-raciais foi abordado em 1995 pelo termo "pluralidade cultural", tomando, porém, maior notoriedade a partir da Lei n.º 10.639/2003, de 9 de janeiro de 2003, sancionada pelo então presidente Luís Inácio Lula da Silva. A referida Lei altera a Lei Diretrizes e Bases da Educação Nacional (LDB) n.º 9.394, de 20 de dezembro de 1996, ao incluir no currículo oficial das Redes de Ensino a obrigatoriedade da temática "História e Cultura Africana e Afro-Brasileira".

A partir de então, o que se precisa discutir é que, mesmo após vinte anos da publicação da Lei n.º 10.639/2003, e diante de algumas conquistas sociais adquiridas pela população negra, por meio de muitas lutas, as escolas, por vezes, ainda são espaços de fortalecimento de desigualdades raciais, intolerâncias, preconceitos, estereotipações e exclusões vivenciadas por negros e negras de todo o Brasil. Ao tratar das múltiplas formas de racismo vivenciadas nos espaços escolares, Foster (2009, p. 8) nos diz que:

> O racismo vai se perpetuando através de mecanismos não racionais, mas sutis, de domínio subjetivo, localizados nos afetos e nas emoções, que nem sempre são conscientes, mas que fazem parte do fenômeno das relações humanas. Deste modo, a análise das formas diversas, através das quais o racismo vai sendo realimentado no cotidiano escolar, deve levar em conta não só uma perspectiva lógica do trabalho educativo que é desenvolvido na escola, mas também outros aspectos dessa dinâmica que, embora nem sempre visíveis e palpáveis, estão presentes em todos os domínios do universo escolar.

No Brasil, nunca houve um regime explícito de segregação racial como ocorreu nos Estados Unidos e na África do Sul, onde as pessoas negras eram privadas por lei de usufruir dos mesmos benefícios que as pessoas não negras, porém a segregação dos negros é sutil e velada, ou seja, apesar das políticas públicas de cunho racial buscarem alcançar uma igualdade entre negros e não negros, o racismo é um fato! Ao tratar sobre o racismo no Brasil, Coelho afirma existir o silenciamento da figura de negros e negras, faltando-lhes reconhecimento e valorização, sendo que, em sua análise, a autora considera que:

> A cor no Brasil é como aquele sujeito que está presente, mas não é referido — ele está ali, mas ninguém vê, ninguém nota, ninguém se interessa. Há um silêncio em torno de sua presença. Todos sabem que está, mas não há manifestação,

> reconhecimento, valorização ou coisa que valha que indique que aquele sujeito está vivo, é importante, é querido (Coelho, 2007, p. 1).

A afirmação feita pela supracitada estudiosa é de grande profundidade e impacto, pois muitas vezes somos levianamente induzidos a pensar que não existe racismo em nosso país, ou que as narrativas de preconceito e discriminação são vitimizações ou até exagero de certos grupos. Não! Racismo é uma realidade cruel no Brasil e que deixa profundas e negativas consequências nas pessoas que são vítimas, por isso precisamos assumir e problematizar essa questão.

A discriminação existente no Brasil é legado da sociedade escravista de mais de um século atrás. Dados do ano de 2011 do Instituto de Pesquisa Econômica Aplicada (Ipea) mostram que no Brasil, dos 22 milhões de brasileiros que vivem abaixo da linha da pobreza, 70% são negros e que, dos 53 milhões de pobres, 63% são negros. O Instituto Brasileiro de Geografia e Estatística (IBGE) no censo demográfico de 2010 aponta também que um trabalhador negro ganha, em média, um pouco mais da metade (57,4%) do rendimento recebido pelos trabalhadores não negros.

Conforme dados levantados pelo Ipea (2011), a cada três assassinatos no Brasil, duas vítimas são pessoas negras; em uma outra análise, apresenta também que as políticas públicas de redistribuição de renda, ou políticas assistenciais, têm peso econômico maior em famílias negras.

Na atualidade, uma parte significativa de escolas ainda tem dificuldade em lidar com a temática étnico-racial e as manifestações de racismo, omitindo-se, ou mascarando práticas racistas e fortalecendo situações preconceituosas. Para Foster (2009), falta às escolas brasileiras o conhecimento sobre os dados omitidos pela história oficial, sendo necessário apossar-se do conhecimento negado durante o processo de formação histórica e social do país, promovendo movimentos de (re)criação de sentidos e significados.

Nesse sentido, percebemos que a escola, quando se trata do reconhecimento da cultura negra, apresenta uma série de equívocos, que vão desde os conteúdos abordados e apresentados aos estudantes até o privilégio dado à história e cultura europeia, tidas como únicas e centrais, o que reforça ainda mais o preconceito e a subalternização da população negra.

Sobre isso, Carone (1998) afirma que o Brasil é um país rico em diversidade cultural, já que negros, indígenas, asiáticos, entre outros, vivem numa sociedade heterogênea, onde poderia existir um grande intercâmbio cultural. Infelizmente, na maioria dos casos isso acaba não ocorrendo, e na verdade o que acontece é uma segregação daqueles ditos diferentes, o que vai totalmente contra os princípios democráticos.

EDUCAÇÃO PARA AS RELAÇÕES ÉTNICO-RACIAIS

Com a Lei n.º 10.639/2003, o ensino de História e Cultura Africana e Afro-Brasileira nos estabelecimentos de ensino fundamental, ensino médio e educação superior passou a ser obrigatório. Por meio do Parecer n.º 3/2004[a], foram definidas as Diretrizes Curriculares Nacionais para a Educação das Relações Étnico-Raciais e para o Ensino de História e Cultura Africana e Afro-Brasileira em todo o território nacional.

A Lei n.º 10.639/2003 tem como objetivo formar cidadãos conhecedores das visões de mundo, experiências históricas e contribuições da população negra para a formação da identidade nacional e para a afirmação da identidade étnica do povo brasileiro.

A proposta sobre o ensino da cultura africana e afro-brasileira é considerada um significativo avanço, o qual quebra o silêncio em torno de questões raciais, tantas vezes ignoradas nas escolas, pelo fato da inabilidade com as temáticas raciais, reforçando discriminações. Cida Bento, ao tratar sobre os impactos que a discriminação racial exerce sobre crianças e adolescentes negros no universo escolar, nos diz que:

> O impacto da discriminação racial na vida de crianças e adolescentes negros se evidencia na evasão escolar, sempre maior para esse grupo, e também no desempenho educacional prejudicado por diferentes fatores, dentre eles a qualidade das escolas frequentadas por esse grupo, a qualidade dos materiais e equipamentos disponíveis, o acesso a internet, enfim, uma situação de desigualdade que ficou escancarada na pandemia de covid-19 (Bento, 2022, p. 105).

Com a implantação do ensino das relações étnico-raciais nas escolas visa-se à superação de mentalidades e práticas racistas, promovendo uma reforma nos conteúdos escolares, nas metodologias de ensino e nas relações estabelecidas no universo das escolas. Essa pode ser uma forma de sanar lacunas no que tange às referências históricas, culturais, religiosas, geográficas, linguísticas e científicas de negros e negras para a formação da identidade cultural nacional.

Problematizar as relações de exclusão e inferioridade que tais sujeitos sofreram historicamente é, para Coelho e Silva (2015, p. 698), essencial, pois "consideramos a escola como um lugar político de formação de gerações de crianças e adolescentes, com potencial para contribuir na alteração de estruturas sociais marcadas por práticas preconceituosas".

Nos últimos anos, muitas pesquisas acadêmicas sobre práticas de ensino têm sido realizadas no Brasil, objetivando estudos e ações político-pedagógicas para propor, no que concerne à educação e diversidade étnico-racial, a ressignificação da formação identitária do país. Os estudos propõem-se a ser instrumentos de combate aos índices de desigualdades que perduram ao longo da história, colocando a população negra em condições de desvantagem em relação ao acesso a direitos essenciais, como os relativos ao mercado de trabalho e educacionais, por exemplo.

Para Brito (2011), a aprovação da Lei n.º 10.639/2003, ao alterar a atual Lei de Diretrizes e Bases da Educação Nacional e prever a incorporação obrigatória do ensino da história do continente africano e das culturas afro-brasileiras como temas a serem trabalhados e implementados nos currículos das escolas de educação básica pública, constitui-se como uma conquista legal, não como uma imposição autoritária governamental sobre o trabalho a ser desenvolvido nas escolas, mas, sim, como reflexo de muitas mobilizações históricas cultivadas pelo Movimento Social Negro, principalmente no período de ascensão das lutas sociais no contexto da redemocratização do país, no final da década de 1970.

A importância histórica desse dispositivo legal tem sido refletida e avaliada por vários estudiosos das relações raciais em nosso país, entre os quais está Moore, que nos diz:

> Se aplicada com o requerido vigor e rigor, essa medida poderia ter um impacto permanente nas consciências das gerações vindouras. A implementação dessa Lei pioneira abriu uma nova porta para a sociedade inteira reavaliar as bases da fundação do Brasil, como entidade histórica nos tempos modernos, e reconsiderar as relações étnico-raciais nele travadas. Desse modo, poder-se-ia enxergar a Nação brasileira por meio da experiência da população que conforma hoje a metade do País, e não somente, como até então vinha acontecendo, por meio da experiência da população brasileira de origem europeia (Moore, 2007, p. 27).

No que se refere à formação de professores para a educação das relações étnico-raciais, as iniciativas a partir da referida Lei refletem sobre a importância histórica do Movimento Social Negro brasileiro por essa demanda ter sido mostrada à sociedade no contexto da redemocratização do Brasil. Dessa forma, reconhece nas ações desenvolvidas pelos movimentos sociais uma das fontes do direito, como tem sido abordado pela doutrina jurídica.

Quanto à demarcação desse ponto de partida, Brito (2011) enaltece que se reflita sobre as formas de expressão dessa demanda, que se expande para as Instituições de Ensino Superior, buscando reconhecimento e legitimidade no âmbito de programas de pós-graduação e de instituições de pesquisa no campo educacional em nosso país.

A partir de algumas considerações acerca das Diretrizes Curriculares para as Relações Étnico-Raciais, fundamentadas na Lei n.º 10.639/2003, apresenta-se uma reflexão acerca dos desafios postos para a formação docente visando à tradução da Lei em atividades pedagógicas críticas para fundamentar a compreensão de que as relações de trabalho vivenciadas nas escolas são portadoras de um conteúdo formativo que apresenta desafios ao currículo de formação de professores e às atividades pedagógicas. Um dos objetivos apresentados pelo documento para a incorporação das temáticas raciais nos currículos escolares consiste em:

> Oferecer uma resposta, na área da educação, à demanda da população afrodescendente, no sentido de políticas de ações afirmativas, isto é, de políticas de reparações, e de reconhecimento e valorização de sua história, cultura e identidade. Trata o parecer de política curricular, fundada em dimensões históricas, e busca combater o racismo e as discriminações que atingem particularmente os negros (Brasil, 2004b, p. 10).

O processo de educar entre pessoas de diferentes grupos étnico-raciais tem início com mudanças no modo de se dirigirem umas às outras, para que os sentimentos de inferioridade e superioridade se rompam desde cedo. Nesse sentido, ressaltamos que é imprescindível romper os julgamentos fundamentados em preconceitos para deixarem de serem aceitas posições hierárquicas que servem de mola propulsora para as desigualdades étnico-raciais e sociais.

De acordo com Freire (2002), o desenvolvimento da educação articulada com as relações étnico-raciais é um dos conhecimentos fundamentais para o estabelecimento da prática educativa crítica, no sentido de criar novas bases para o reconhecimento da diversidade e pluralidade cultural da sociedade brasileira, combatendo o imaginário social do qual as representações de caráter etnocêntrico e racista fazem parte.

A educação das relações étnico-raciais precisa ter como um de seus objetivos a formação de cidadãos comprometidos em efetivar condições de igualdade no exercício de direitos sociais, políticos, econômicos, dos direitos de ser, viver, pensar, próprios aos diferentes pertencimentos étnico-raciais e sociais.

Diante disso, Moreira e Candau (2008) evidenciam o objetivo de promover aprendizagens e ensinos em que se efetive participação no espaço público. Em outras palavras, urge que se formem pessoas comprometidas com e na discussão de questões de interesse geral, sendo capazes de reconhecer e valorizar visões de mundo, experiências históricas, contribuições dos diferentes povos que têm formado a nação, bem como de negociar prioridades, coordenando diferentes interesses, propósitos, desejos, além de propor políticas que contemplem efetivamente a todos.

EDUCAÇÃO PARA AS RELAÇÕES ÉTNICO-RACIAIS NO AMAPÁ

Ao se tratar da implementação da legislação antirracista no Amapá, em especial a Lei n.º 10.639/2003, consideramos que há muito a ser feito nas instituições de ensino do estado, mesmo após vinte anos de publicação da referida Lei! Assim como no estudo realizado sobre a educação escolar quilombola no Amapá, feito por Custódio (2019), consideramos que há, por parte da gestão educacional estadual, a falta de acompanhamento e suporte didático-pedagógico na maioria das escolas do referido estado. No que tange às relações étnico-raciais, o autor denuncia que:

> Quanto às políticas de educação para as relações étnico-raciais, em especial para a educação escolar quilombola no Amapá, estas estão caminhando em passos muito lentos, pois são normalmente ações pontuais e fragmentadas, sem articulação com a realidade local de cada comunidade quilombola e que muitas vezes quando se apresentam são de maneira genérica e superficial (Custódio, 2019, p. 17).

Para o estudioso, as ações pontuais e fragmentadas realizadas pela Secretaria de Estado da Educação (Seed-AP), no que concerne à educação para as relações étnico-raciais, são insuficientes, pois estão reduzidas a poucas escolas da capital, sendo que estas, por sua vez, ainda trabalham com as questões raciais de forma pontual, especialmente em datas comemorativas, sem, com isso, transformá-las em ações curriculares e políticas educativas.

Além disso, há carência de recursos humanos, físicos e pedagógicos para a formação continuada de professores e para o acompanhamento de ações pedagógicas voltadas às relações étnico-raciais, gerando deficiências estruturais no sistema educacional estadual.

Segundo os dados do Instituto Brasileiro de Geografia e Estatística (IBGE) (2012), o estado do Amapá possui uma população de 669,526 habitantes, sendo o vigésimo sexto mais populoso da federação. O estado concentra 4% da população da Região Norte, resultando em uma densidade demográfica de 4,69 hab./km². Conforme o censo realizado no ano de 2010, a composição étnica amapaense é formada por pardos (74,4%), negros (4,5%), indígenas e amarelos (0,8%) e brancos (21,4%), tendo em sua maioria uma população formada por afrodescendentes, somando o percentual de pardos e negros.

No campo educacional, o Amapá não tem evoluído expressivamente, segundo os dados de 2017 do Índice de Desenvolvimento da Educação Básica (Ideb), em avaliação feita pelo Instituto Nacional de Estudos e Pesquisas Educacionais Anísio Teixeira (Inep) (2011). Segundo dados coletados na plataforma eletrônica do Inep, no ano supracitado, o Ideb das escolas públicas do Amapá foi de apenas 4,4, o que representa o menor da Região Norte, estando abaixo da meta estipulada. Esses índices são extremamente preocupantes e levam-nos a refletir sobre o tratamento dispensado às escolas públicas amapaenses, principalmente ao se tratar de investimentos nas estruturas físicas das escolas e na formação de profissionais da educação.

Para Foster (2009), não obstante diversas iniciativas nacionais em termos de políticas públicas educacionais, visando à superação do racismo no universo escolar, as pesquisas sobre a implementação da Lei n.º 10.639/2003, desde o ano de 2005, no Amapá, apontam que uma memória racista impregna as escolas do estado, sendo uma grande barreira a ser transposta para a construção de uma visão positiva da negritude, considerando também a ausência de políticas públicas estaduais que garantam a formação continuada de professores sobre as questões raciais.

Práticas racistas perduram em solo brasileiro e são reafirmadas por ideologias como o "mito da democracia racial". No universo das escolas públicas e no campo da educação, estudantes negros e negras sofrem cotidianamente processos de exclusão e descaracterização étnico-cultural quando não são respeitados em suas tradições étnicas, que por vezes são apresentadas como exóticas, desumanizadas, subalternas ou inferiores. Cabe à educação desconstruir práticas racistas, por meio da implementação de estratégias pedagógicas e curriculares inclusivas, democráticas e antirracistas, nas quais os educandos se reconheçam nas atividades e temáticas trabalhadas em sala de aula.

Para Videira (2013) é necessário que haja abertura das escolas às comunidades e grupos socialmente subalternizados, não sendo suficiente o simples ato de ter estudantes desses grupos matriculados nos espaços escolares, mas sendo essencial o esforço pedagógico da construção de um currículo e uma educação participativa, dialógica, libertadora, crítica e antirracista, que conte com a presença, as contribuições, as vivências e os saberes tradicionais acumulados e perpetuados nas comunidades e diferentes grupos sociais.

A representatividade e a afirmação étnica no contexto educacional só são possíveis pela visibilidade das questões e temáticas raciais nos currículos escolares. Partindo das legislações antirracistas e das experiências que temos, consideramos que não é possível pensar e executar uma educação libertadora seguindo estratégias pedagógicas hegemônicas descontextualizadas das realidades existenciais dos educandos, perpetuando pensamentos e práticas racistas e subalternizantes.

Por conta disso, defendemos que as temáticas raciais e todas as outras que garantem os direitos humanos e a existência da diversidade sejam abordadas com seriedade, criticidade e urgência nos currículos oficiais das escolas brasileiras, em especial amapaenses, às quais dedicamos esta análise e problematização.

CONSIDERAÇÕES FINAIS

As identidades culturais do povo brasileiro, em especial das comunidades amazônicas, compostas por indígenas, seringueiros, produtores familiares, quilombolas, ribeirinhos, pescadores, coletores, entre outros, são fortemente marcadas pela diversidade, apresentando um número considerável de elementos que nos unem à ancestralidade indígena/negra e negra/indígena, seja no que diz respeito às cosmologias, ou à relação com a natureza, oralidade, espiritualidades e cosmovisões. Essas recriações compõem o patrimônio cultural das comunidades tradicionais das diferentes regiões do Brasil e apontam a necessidade do conhecimento da história e das heranças culturais que cada um tem, em um processo contínuo de afirmação, resistência das identidades e memórias.

Pesquisas em comunidades tradicionais e grupos historicamente excluídos são ações políticas e de engajamento social, sendo configuradas como ações dialógicas e para a libertação, em busca da problematização da educação e dos currículos hegemônicos que temos. Propor outra leitura da realidade, contada desta vez por quem foi silenciado, é dever de uma educação que se propõe libertadora. Diante disso, a presente análise objetivou problematizar as relações étnico-raciais no estado do Amapá, pois compreendemos que estudar as minorias sociais nortistas no contexto da Amazônia é refletir currículos das diferenças e ouvir as vozes dos sujeitos que foram historicamente silenciados.

Concluímos estas reflexões considerando que a sociedade brasileira, em especial a amapaense, onde mais de 78% da sua população é parda e negra, precisa considerar e reconhecer sua ancestralidade histórica e sociocultural, bem como a resistência dessa população, em um processo contínuo de emancipação, afirmação étnico-racial e territorial, possibilitando uma formação humana que desfaça estereótipos, preconceitos e discriminações contra os negros e negras. Isso pode, então, levar a uma educação para a emancipação das relações e a uma convivência humana respeitosa e plena de direitos.

REFERÊNCIAS

BENTO, Cida. **O pacto da branquitude**. São Paulo: Companhia das Letras, 2022.

BRASIL. **Diretrizes curriculares nacionais para a educação das relações étnico-raciais e para o ensino de história e cultura afro-brasileira e africana**. Brasília: SECAD, 2004b.

BRASIL. Lei nº 9.394, de 20 de dezembro de 1996. Estabelece as diretrizes e bases da educação nacional. Brasília: **Diário Oficial da União**, 20 dez. 1996.

BRASIL. Lei nº 10.639, de 9 de janeiro de 2003. Altera a Lei n.º 9.394, de 20 de dezembro de 1996, que estabelece as diretrizes e bases da educação nacional, para incluir no currículo oficial da Rede de Ensino a obrigatoriedade da temática "História e Cultura Afro-Brasileira", e dá outras providências. Brasília: **Diário Oficial da União**, 10 jan. 2003.

BRASIL. Lei nº 11.645, de 10 de março de 2008. Altera a Lei n.º 9.394, de 20 de dezembro de 1996, modificada pela Lei n.º 10.639, de 9 de janeiro de 2003, que estabelece as diretrizes e bases da educação nacional, para incluir no currículo oficial da rede de ensino a obrigatoriedade da temática "História e Cultura Afro-Brasileira e Indígena". Brasília: **Diário Oficial da União**, 11 mar. 2008.

BRASIL. Resolução nº 01, de 17 de julho de 2004. Institui Diretrizes Curriculares Nacionais para a Educação das Relações Étnico-Raciais e para o Ensino de História e Cultura Afro-Brasileira e Africana. Brasília: **Diário Oficial da União**, 22 jun. 2004a.

BRASIL. Resolução nº 08, de 20 de novembro de 2012. Define Diretrizes Nacionais para a Educação Escolar Quilombola na Educação Básica. Brasília: **Diário Oficial da União**, 21 nov. 2012.

BRITO, José Eustáquio de. Educação e Relações Étnico-Raciais: desafios e perspectivas para o trabalho docente. **Educação em Foco**, Belo Horizonte, v. 14, n. 18, p. 57–74, 2011. DOI: https://doi.org/10.24934/eef.v14i18.231.

CARONE, Modesto. **Resumo de Ana**. São Paulo: Companhia das Letras, 1998.

COELHO, Wilma de Nazaré Baía. Silêncio e cor: relações raciais e a formação de professoras no estado do Pará (1970–1989). REUNIÃO DA ANPED, 30., 2007, Caxambu. **Anais** [...]. Caxambu: Associação Nacional de Pós-Graduação e Pesquisa em Educação, 2007.

COELHO, Wilma de Nazaré Baía; SILVA, Carlos A. Farias da. Preconceito, discriminação e sociabilidades na escola. **Educere et Educare**, Cascavel, v. 10, n. 20, p. 687–705, jul./dez. 2015.

CUSTÓDIO, Elivaldo Serrão. Educação escolar quilombola no estado do Amapá: das intenções ao retrato da realidade. **Educação**, Santa Maria, v. 44, p. 1–21, 2019. DOI: https://doi.org/10.5902/1984644430826.

DENZIN, Norman K.; LINCOLN, Yvonna. S. Introdução: a disciplina e a prática da pesquisa qualitativa. *In*: DENZIN, Norman K.; LINCOLN, Yvonna S. (org.). **O planejamento da pesquisa qualitativa**: teorias e abordagens. 2. ed. Porto Alegre: Artmed, 2006, p. 15–41.

FOSTER, Eugénia da Luz Silva. **Tensões entre movimentos instituintes e práticas racistas**: desafios da implantação da lei 10.639 na escola amapaense. Projeto de Pesquisa Experiências instituintes em escolas públicas e formação docente: Brasil e Portugal, UFF, 2009.

FREIRE, Paulo. **Pedagogia da autonomia**: saberes necessários à prática educativa. 23. ed. São Paulo: Paz e Terra, 2002. (Coleção Leitura)

INSTITUTO BRASILEIRO DE GEOGRAFIA E ESTATÍSTICA (IBGE). **Censo Brasileiro de 2010**. Rio de Janeiro: IBGE, 2012.

INSTITUTO DE PESQUISA ECONÔMICA APLICADA (IPEA). **Retrato das desigualdades de gênero e raça**. 4. ed. Brasília: IPEA, 2011.

INSTITUTO NACIONAL DE ESTUDOS E PESQUISAS EDUCACIONAIS ANÍSIO TEIXEIRA (INEP). *Índice de Desenvolvimento da Educação Básica*, 2011. Disponível em: https://www.ideb.inep.gov.br. Acesso em: 5 nov. 2020.

MOORE, Carlos. **Racismo e sociedade**: novas bases epistemológicas para entender o racismo. Belo Horizonte: Mazza Edições, 2007.

MOREIRA, Antonio Flávio; CANDAU, Vera Maria Ferrão (org.). **Multiculturalismo**: diferenças culturais e práticas pedagógicas. 2. ed. Petrópolis: Vozes, 2008.

PEREIRA, Terezinha do Socorro Lira; BRASILEIRO, Tânia Suely Azevedo. Políticas públicas educacionais e escolarização indígena. **Educação e Emancipação**, São Luís, v. 9, n. 3, ed. especial, p. 218–250, jul./dez. 2016. Disponível em: http://www.periodicoseletronicos.ufma.br/index.php/reducacaoemancipacao/artcle/viewFile/6770/432. Acesso em: 25 mar. 2022.

TRAGTENBERG, Maurício. **Educação e burocracia**. São Paulo: Editora UNESP, 2012.

VIDEIRA, Piedade Lino. **Batuques, folias e ladainhas**: a cultura do quilombo do Cria-ú em Macapá e sua educação. Fortaleza: UFC, 2013.

CAPÍTULO 5

TRAJETÓRIAS SOCIOEDUCACIONAIS DE MULHERES NEGRAS NO AMAPÁ: ROMPENDO RELAÇÕES DE PODER

Adaíles Aguiar Lima
Elivaldo Serrão Custódio

INTRODUÇÃO

As grandes desigualdades sociais, econômicas, políticas, culturais, educacionais na sociedade brasileira demandam ações de enfrentamento, debates, políticas públicas, assim como produções científicas que abordem questões de raça e gênero, especialmente no que tange à mulher negra e suas particularidades, posto que ela foi e continua sendo lesada em dobro por ser mulher e negra, além de alvo mais contundente de práticas preconceituosas e discriminatórias.

Essa trajetória marcada pela resistência necessita de permanente reflexão acadêmica acerca da igualdade, respeito, reconhecimento e valorização da mulher negra. Estudos de Suelaine Carneiro[5] (2016) nos apontam que pesquisas sobre mulheres negras são observadas de forma acanhada no início da década de 1990, ganhando maior destaque a partir de 2003 (Carneiro, 2016, p. 138). A autora ressalta em suas análises que:

> Ainda são poucas as produções que têm por objetivo central a mulher negra nos diversos campos da sociedade. Ainda persiste na produção da pós-graduação, a invisibilidade das vozes das mulheres negras, ausência que impacta na compreensão das distintas formas de opressão, assim como da diversidade de experiências das mulheres na sociedade brasileira (Carneiro, 2016, p. 143).

---
[5] É importante esclarecer neste momento que ao longo do texto faremos uso do primeiro nome e sobrenomes de autoras para dar visibilidade à identidade bem como enfatizar a produção científica feminina.

Os estudos científicos apontam, também, que as práticas preconceituosas têm sua origem a partir do colonialismo[6], com a ideia de raça, quando como pressuposto de separação e dominação os negros foram reduzidos à condição de escravos e, consequentemente, designados à raça inferior e os brancos europeus, à raça superior, perpetuando o mesmo pensamento de segregação racial na colonialidade[7]. Nesse sentido, Quijano (2005) faz importante debate acerca do controle europeu na América, a partir da ideia de raça, como mecanismo de validação e outorga da legitimidade do poder às relações de dominação impostas pela conquista (Quijano, 2005, p. 118).

Esse entendimento difundido entre colonizados e colonizadores disseminou o processo de segregação da população negra. Quijano (2005) ressalta que a partir do colonialismo a Europa criou o eurocentrismo que continua presente na sociedade atual como uma herança do poder hegemônico a ser combatida diariamente. Com bases sólidas nesse entendimento eurocêntrico, é que as escolas da colônia brasileira não estavam dispostas a oferecer educação formal aos negros, quer fossem escravos ou libertos, pois sua raça não se enquadrava no padrão de poder.

Se contrapor à escravização e seus modos de opressão foi uma constante na vida da população negra. No entanto, a mesma história que omitiu e silenciou hoje está sendo reescrita com a inclusão das mãos de negras e negros que ajudaram nessa construção. A temática trouxe inquietações que culminaram com a investigação do seguinte problema de pesquisa: Como as mulheres negras professoras vêm construindo sua trajetória socioeducacional na vila de Mazagão Velho-AP?

A pesquisa teve como *locus* a Vila do Distrito de Mazagão Velho-AP, localizada no município de Mazagão, estado do Amapá, na Região Norte do Brasil, distante cerca de 70 km da capital, Macapá, com uma população de 21.632 habitantes segundo dados do Instituto Brasileiro de Geografia e Estatística (IBGE) (2019). Mazagão Velho tem sua origem no século XVIII com a fundação da Nova Mazagão para abrigar famílias que foram transferidas da colônia portuguesa Mazagão, em Marrocos. Para a Nova Mazagão vieram famílias e africanos escravizados.

---

[6] Pode ser compreendido como a formação histórica dos territórios coloniais; o colonialismo moderno pode ser entendido como os modos específicos pelos quais os impérios ocidentais colonizaram a maior parte do mundo desde a "descoberta" (Maldonado-Torres, 2018, p. 35).

[7] Pode ser compreendida como uma lógica global de desumanização que é capaz de existir mesmo na ausência de colônias formais (Maldonado-Torres, 2018, p. 36).

Logo, o município de Mazagão tem rica história cultural que desperta interesse de muitos pesquisadores, como é o nosso caso. Assim, é nesse contexto que o estudo traz reflexões da trajetória socioeducacional de professoras negras na vila de Mazagão Velho-AP, constatando-se as marcas da colonização mascaradas pelo colonialismo que diária e arduamente são combatidas pela militância e resistência da mulher negra.

A EDUCAÇÃO COMO PRINCIPAL DEMANDA DA POPULAÇÃO NEGRA: CAMINHOS E DESCAMINHOS NO PERCURSO HISTÓRICO

De acordo com Saviani (2013) a história da educação brasileira inicia em 1549 com a chegada do primeiro grupo de jesuítas ao Brasil, e nos moldes da colonização a educação colonial se deu através da missão jesuítica com o propósito de converter os gentios à fé católica e à missão de educar através da aculturação. Processo esse que compreendeu, de forma articulada, três elementos: a posse das terras, que visava à exploração e ao subjugamento dos habitantes; a educação, que se deu em forma de aculturação; e a catequese, que buscava a conversão dos colonizados.

Esse modelo de colonização da coroa portuguesa se adequava perfeitamente à população indígena encontrada nas terras brasileiras, que, em 1.500, se assemelhava às comunidades primitivas[8]. Saviani ressalta que "há uma estreita interação entre a educação e a catequese no período de colonização do Brasil", sendo que o eixo do trabalho catequético era de caráter pedagógico e se materializava através das práticas pedagógicas institucionais e não institucionais, ou seja, nas escolas e no exemplo, respectivamente (Saviani, 2013, p. 29–31).

Organizada e conduzida pelo *Ratio Studiorum*[9] a base pedagógica do período colonial, no Ocidente, implementou os primórdios do sistema educacional brasileiro acostada nos princípios da Companhia de Jesus, permanecendo aqui, como orientação educacional, por quase dois séculos e moldando um processo de aculturação que findou em 1759, quando os jesuítas foram expulsos do Brasil para a implantação das reformas do Marquês de Pombal.

---

[8] Segundo Ponce (2001), é origem pré-histórica de todos os povos conhecidos e viviam em um comunismo tribal com predominância da igualdade de direitos, repartição entre todos do que produzido e consumo imediato por impossibilidade de armazenamento; ou seja, não havia acumulação de bens nas sociedades primitivas.

[9] Miranda (2011) define o ensino preconizado pelo *Ratio* como sendo: não utilitário, não profissionalizante, nem especializado; considera que no período em que a educação era alicerçada no *Ratio Studiorum* se "produziu frutos incontestáveis de cultura e de humanismo, de ciência política e de civismo" (Miranda, 2011, p. 487–489).

É fato que essa estrutura social foi se modificando ao longo da história, razão pela qual é necessário relacionar os estudos sobre a educação com a sociedade em que está inserida, numa análise conjunta e socioeconômica, pois somente em conjunto é possível entender os acontecimentos educacionais. Nesse sentido, não há que se falar em história da educação desassociada do estudo das lutas mantidas pelas classes desfavorecidas contra as classes dominantes, visando à conquista do direito à educação.

Nesse período as práticas escravistas rendiam muito lucro à coroa, seja no tráfico ou na exploração do trabalho nos vários setores da economia. Logo, a educação formal para a população negra não estava no projeto de Pombal para a colônia brasileira, razão pela qual o acesso à escolarização não fazia parte da realidade da maioria da população negra no período colonial. Assim, os mecanismos de inclusão e exclusão nos permitem refletir sobre a história contada e a história silenciada de negras e negros no sistema educacional da história do Brasil.

É fato que a Constituição Imperial de 1824 contemplou no art. 6º, inciso I, negras e negros, os "libertos", no rol de cidadãos brasileiros. Porém, o art. 179, inciso XXXII, determinava "a instrução primária, e gratuita a todos os Cidadãos"; logo, escravas e escravos estavam impedidos de receber instrução, já que não eram "cidadãos". Na prática, mesmo os libertos não tinham facilidade de acesso à escolarização pelos entraves de várias ordens: falta de recursos para custear os estudos, proibição velada de frequentar a escola por conta do preconceito racial, trabalho exaustivo, enfim, inúmeros foram os fatores que impediram e dificultaram a escolarização de negras e negros.

Assim é que a primeira Constituição do Brasil inaugura a legalização de um processo histórico que, além de negar o acesso à educação formal a negras e negros vítimas da escravidão, legalizou as bases para a produção das desigualdades de cor ou raça e de gênero, ainda presentes em nossa sociedade.

Seguindo os mesmos critérios de exclusão ou inacessibilidade, vieram, antes da Constituição de 1891, a Lei n.º 1 de 1837 bem como o Decreto n.º 15 de 1839, que mantinham a proibição de escravos e pretos africanos, ainda que fossem livres ou libertos, frequentarem as escolas públicas. Mais adiante, pelo Decreto n.º 1.331 de 1854, ratifica-se a proibição para os escravos ao estabelecer, em seu art. 60, § 3º, que não seriam admitidos escravos nas escolas públicas do país, com a previsão de que a instrução de adultos negros dependia da disponibilidade de professores, e no art. 69 previa que os escravos não estavam autorizados a solicitar admissão à matrícula, nem podiam frequentar as escolas.

Em 1879, através do Decreto n.º 7.247, de 19 de abril, se estabeleceu a liberdade de ensino primário e secundário para ambos os sexos no município da Corte e o superior em todo o Império; todavia, não há que se falar em avanços para negros e negras. Esse contexto socioeconômico foi marcado por grandes transformações mundiais de ordem econômica e social, e o Brasil sofreu os reflexos dessas mudanças, que culminaram com a abolição da escravatura, em 1888, acabando, em tese, com a escravidão negra no Brasil. Pois o fim da legalidade da escravização foi resultado da luta e resistência somando-se à necessidade de adequação à nova realidade social que se vislumbrava, em que era imperativo o escravizado liberto para a produção do trabalho, consequente adequação econômica da industrialização que se apresentava.

Del Priori (2018) assevera que a escravidão da população de origem africana significava uma negação do acesso a qualquer forma de escolarização e ressalta que a educação das crianças negras se dava na violência do trabalho e nas formas de luta pela sobrevivência. Além disso,

> As sucessivas leis, que foram lentamente *afrouxando* os laços do escravismo, não trouxeram, como consequência direta ou imediata, oportunidades de ensino para os negros. São registradas como de caráter excepcional e de cunho filantrópico as iniciativas que propunham a aceitação de crianças negras em escolas ou classes isoladas — o que vai ocorrer no final do século (Del Priori, 2018, p. 445).

O acesso da população negra à educação formal foi uma demanda que ganhou maior proporção a partir da aprovação da controversa[10] Lei do Ventre Livre — Lei n.º 2.040, de 28 de setembro de 1871 —, que em seu art. 1º dispõe serem livres os filhos nascidos de mulher escrava a partir daquela data. Todavia, a mesma lei serviu, também, de elemento condutor e adaptador à continuidade da servidão sob outras formas, principalmente mirando o mercado promissor que se vislumbrava.

---

[10] O uso do termo "controversa" se justifica pela compreensão de que mais do que uma demanda da população negra para tornar livres os filhos nascidos de mulher escrava a partir daquela data, a Lei do Ventre Livre foi, principalmente, resultado de forte pressão da Inglaterra pela libertação dos escravos visando ao mercado promissor que se vislumbrava. Além de que os senhores de escravos já haviam percebido que logo chegaria o momento de libertar os negros, haja vista que nesse período o tráfico negreiro já era proibido no Brasil desde 1850, com a Lei Eusébio de Queirós, logo, eram forçosos novos mecanismos de manutenção da escravidão.

No que se refere à educação formal da mulher, temos no sistema educacional brasileiro um aparelho que já nasceu eivado de graves erros que alicerçaram grandes desigualdades em diversos âmbitos da sociedade. Segundo Maria Inês Stamatto (2002) as mulheres, brancas, no período colonial, só podiam educar-se na catequese e, quanto às negras, nem mesmo a catequese lhes era permitida (Stamatto, 2002, p. 2). Logo, a desigualdade social, educacional, econômica, política, cultural tão presente, ainda, no século XXI é efeito de um processo histórico de séculos que, desde o nascedouro, insiste em privilegiar uns e subalternizar outros. Contudo, mesmo após a abolição da escravatura e a permissão legal de negros e negras frequentarem a escola formal, os mecanismos de manutenção da subalternização foram, tão somente, alterados.

No entanto, no período colonial e seguindo o curso contrário da história que se escrevia, foram também criadas algumas escolas para atender meninas, sendo possível encontrar registros do Colégio Perseverança ou Cesarino, fundado no ano de 1860 em Campinas e destinado à educação feminina, sendo dirigido por Antônio Cesarino e sua mulher, um casal de pardos que, juntamente com as irmãs do marido, ajudavam na condução dos trabalhos na escola.

O Colégio recebia, também, meninas negras e pobres que as famílias não tinham recursos para custear os estudos (Barros, 2005, p. 87). A escolarização de mulheres negras nascidas a partir do início do século XX já se processou de forma desumanizante, visto que, ao invés de irem para as salas de aula, eram encaminhadas

> [...] a orfanatos, onde recebiam preparo para trabalhar como empregada doméstica ou como costureira. Famílias abastadas as adotavam, quando adolescentes, como filhas de criação, o que de fato significava empregadas domésticas não remuneradas. Este fato acabou, de certa forma, estigmatizando o lugar da mulher negra no mercado de trabalho (Gonçalves; Silva, 2000, p. 140).

A ação parte da percepção de uma sociedade que traz uma trajetória moldada por desigualdades sociais com o propósito da perpetuação de privilégios que marcam a categoria dominante em nosso país. Assim sendo, a presença de negras e negros na escola, desde quando permitido o acesso à educação formal, foi e continua sendo motivo de inquietação que gera diversas formas de manifestações preconceituosas de raça ou cor e gênero. Nem mesmo as políticas públicas sociais e educacionais atendem às desigualdades que se perpetraram durante séculos gerando à população negra graves danos quando do ingresso e permanência na escola.

Urge trazermos ao debate os estudos de Goffman (2021) acerca do estigma. O autor traz relevante contribuição e ressalta quão perigosa é a prática de atributos profundamente depreciativos, os quais consignam várias formas de discriminação (Goffman, 2021, p. 13).

Segundo Goffman (2021) é nas relações sociais que se difundem vários tipos de estigmas, enumerando o autor os relacionados às deformidades físicas, os relacionados ao caráter e aqueles relacionados à raça, nação e religião, que é o que nos interessa no momento, mais precisamente no campo educacional. Porquanto, consideramos que a escola é um espaço de interação social que produz, ainda, vários tipos de discriminação na população negra, seja pela cor da pele, pelo tipo de cabelo, pelo formato do nariz, enfim, são inúmeras formas de estigmatizar uma criança, jovem ou adulto.

É fato que os séculos de resistência e inconformismo da população negra vêm promovendo, gradativamente, mudanças e oportunizando conquistas. Nilma Lino Gomes (2017) ressalta que a educação mesmo sendo um direito social foi arduamente pleiteado, por ter sido, sistematicamente, negado à população negra (Gomes, 2017, p. 24). Denice Catani (1997) expressa, por exemplo, que:

> A entrada das mulheres no exercício do magistério — o que, no Brasil, se dá ao longo do século XIX (a princípio lentamente, depois de forma assustadoramente forte) — foi acompanhada pela ampliação da escolarização a outros grupos ou, mais especialmente, pela entrada das meninas nas salas de aula (Catani, 1997, p. 78).

Entretanto, as conquistas não romperam com os artifícios dos grupos hegemônicos que fizeram e fazem, também da educação, um instrumento de segregação e manipulação que sustenta as formas de dominação e exploração política, social, educacional e cultural, o que dificulta, impede, inviabiliza o acesso e a permanência de negras e negros nas instituições de ensino.

Ou seja, a intenção foi e é mantê-los no lugar designado pela colonização e ratificado pelo colonialismo. Nesse aspecto é que ao analisar a educação como mecanismo de mobilidade social Sueli Carneiro (2011, p. 92) ressalta que "o aparelho educacional tem se constituído, de forma quase absoluta, para os racialmente inferiorizados, como fonte de múltiplos processos de aniquilamento da capacidade cognitiva e da confiança intelectual".

Guacira Lopes Louro (2006, p. 478) em seu estudo "Mulheres na sala de aula" vem dizer que "um olhar atento perceberá que a história das mulheres nas salas de aula é constituída e constituinte de relações sociais de poder". Diante desse contexto, acreditamos que a escola é sem dúvida esse espaço privilegiado de transformação, todavia esse mesmo espaço tem, também, o poder de anular a existência de uma pessoa expulsando-a desse ambiente. Daí a necessidade de transformação desse pensamento colonial que, através de práticas eurocêntricas, inferioriza e nega a existência de negras e negros nas instituições de ensino.

Porém, quando atentamos para a mulher negra no espaço escolar, a condição se agrava pelo estigma social que desumaniza o corpo feminino negro numa manifestação de negação do outro que prolonga a realidade vivida no período da escravidão. Isso se torna palpável quando se materializa, no último lugar do ranque brasileiro na escala social e educacional, no qual pesquisas mostram que mulheres negras apresentam menor nível de escolaridade, trabalham mais, porém com rendimento menor e são, ainda, poucas as que conseguem romper a barreira do preconceito e da discriminação racial e ascender socialmente. Munanga e Nilma Lino Gomes (2016) trazem reflexões acerca de como a sociedade veio moldando o papel e o lugar da mulher negra desde o período colonial ressaltando que

> Algumas feministas negras costumam refletir que a situação da mulher negra no Brasil, apesar dos avanços, ainda tem muito que mudar. A mulher negra que, no período escravista, atuava como trabalhadora forçada, após a abolição, passa a desempenhar trabalhos braçais, insalubres e pesados. Essa situação ainda é a mesma para muitas negras no terceiro milênio (Munanga; Gomes, 2016, p. 133).

Esse contexto é bastante debatido principalmente a partir dos anos de 1970, quando, aos movimentos feministas, foram sendo incluídas as pautas das mulheres negras, que, até então, não faziam parte das demandas. Ou seja, o olhar dos movimentos invisibilizava a dupla discriminação imposta à mulher negra: "ser mulher em uma sociedade machista e ser negra numa sociedade racista" (Munanga; Gomes, 2016, p. 133).

A MULHER NEGRA NOS MOVIMENTOS SOCIAIS E NAS RELAÇÕES DE PODER

É possível considerar que a partir da segunda metade do século XIX os movimentos em defesa das causas da população negra ganharam força e a educação passou a ser o principal pleito. Os anos de escravização consolidaram o processo de exclusão educacional além de servir de base para a solidificação das desigualdades de gênero e cor ou raça, características marcantes da sociedade brasileira. Moldada há séculos, a educação foi um mecanismo apropriado para a elite colonial que, conduzindo a hierarquização social, mantinha a exclusão e subalternização de negras e negros oriundos da escravidão. Porém, Suelaine Carneiro (2016) ressalta a capacidade que a educação tem, também, de se contrapor às diferenças e promover a igualdade de oportunidades no convívio social; para a autora, a educação é "um importante instrumento de superação de desigualdades, opressões e hierarquizações que operam na sociedade" (Carneiro, 2016, p. 123).

Contestando ao longo dos séculos essa estrutura social, a militância faz surgir importantes movimentos que reivindicam pautas exclusivas da população negra. A educação traz em seu bojo o poder de se contrapor e operar mudanças, e muitas foram possíveis a partir da maior escolarização de mulheres negras aliadas às ações dos movimentos de resistência. Logo, elas perceberam que as especificidades de suas demandas como mulher e negra não eram pautas específicas nem do movimento negro, nem do movimento feminista. Daí se vislumbra a necessidade de um movimento que considerasse as particularidades das mulheres negras, culminando, na década de 1970, com o surgimento do Movimento de Mulheres Negras (MMN), a fim de contemplar as aspirações femininas negras.

Nesse período, Lélia Gonzalez fez importantes estudos que consideravam a questão da desigualdade de gênero e raça, principalmente quanto às diferenças entre mulheres brancas e negras, o que ampliava seus debates para a consciência de gênero e combate ao machismo na sociedade brasileira. Foi nesse contexto que Lélia "problematizou a questão da mulher negra como categoria específica na luta contra as desigualdades sociais entre os sexos, tema que ela conseguiu estender a todos os outros debates feministas" (Ratts; Rios, 2010, p. 103). Em uma de suas publicações em 1984, com o texto intitulado "Mulher negra", Lélia Gonzales ressalta a importância dos debates que aconteciam na década de 1970, assim como menciona a falta de reconhecimento, dentro do próprio movimento negro, das pautas femininas negras.

> É fato da maior importância (comumente "esquecido" pelo próprio movimento negro) era justamente o da atuação das mulheres negras, que, ao que parece, antes mesmo da existência de organizações do movimento de mulheres se reuniam para discutir o seu cotidiano, marcado, por um lado,

pela discriminação racial e, por outro, pelo machismo não só dos homens brancos, mas dos próprios negros (Gonzalez, 2020, p. 103).

A questão da desvalorização da mulher negra em todos os níveis da sociedade é, também, uma pauta levantada por Sueli Carneiro (2019), a qual destaca, inclusive, a questão da estética, que considera que a mulher branca constitui, ainda, o ideal estético de nossa sociedade (Carneiro, 2019, p. 94). A autora utiliza a expressão "enegrecendo o feminismo" para explicar a necessidade da projeção das mulheres negras e afirma que a utilização se justifica para "designar a trajetória das mulheres negras no interior do movimento feminista brasileiro" (Carneiro, 2019, p. 198).

Em *Mulheres, raça e classe*, Angela Davis (2016) traz grandes contribuições para se (re)pensar as relações raciais, e ressignificar o feminismo, em especial o feminismo negro. A autora aponta nesse estudo, por exemplo, as lutas e entraves de mulheres para a conquista de direitos de todas as mulheres, mas observa-se que nesses entraves prevaleciam os direitos de mulheres brancas.

Davis aponta as conquistas das mulheres, de maneira determinante para as mulheres brancas, o que nos leva a refletir sobre o significado da emancipação para as mulheres negras, haja vista que no percurso histórico da sociedade consta-nos que a escravidão e o racismo continuam fortes na atualidade. No entanto, é pertinente destacar que é revelada a influência das mulheres negras nos avanços de gênero e na organização do feminismo, no antirracismo e nas lutas de classes, principalmente no que diz respeito ao sexismo, ao racismo e às relações de poder.

CAMINHO METODOLÓGICO DA PESQUISA

Ao considerar as peculiaridades da pesquisa, entendemos que seria importante e necessário, para subsidiar a dissertação que deu origem a este artigo, realizar revisão da literatura de dissertações e teses publicadas no Catálogo de Teses e Dissertações da Coordenação de Aperfeiçoamento de Pessoal de Nível Superior (Capes). Foi delimitado o intervalo de tempo entre 2015 e 2020 como período de publicação das obras a serem analisadas, com os três descritores: [1] mulher negra, [2] mulher negra na Amazônia e [3] mulher negra, educação e decolonialidade. Considerando o número de trabalhos, foram selecionados trabalhos entre os cem primeiros resultados para cada descritor.

Entre os anos de 2015 e 2016 foram encontrados 19 trabalhos entre dissertações e teses que abordam a mulher negra sob um número variado de vieses; sendo três teses, duas em 2015 e uma em 2016. Importa trazer dois destaques: a maior parte dos trabalhos foi produzida por acadêmicas, tendo somente um trabalho com autor masculino e, o mais relevante para a nossa pesquisa, as produções são do sul, sudeste e nordeste.

Diferente dos anos de 2015 e 2016, que tiveram um número de trabalhos considerável, 2017 e 2018 apresentaram uma pequena redução, contando apenas com cinco trabalhos, sendo quatro dissertações e uma tese em 2017; e oito trabalhos em 2018, sendo sete dissertações e uma tese.

Com base nos critérios estabelecidos não foram encontradas teses de doutorado no contexto do ano de 2019. De acordo com as produções localizadas, podemos considerar que as análises em torno da mulher negra são de variados temas, com abordagens diferentes; todavia, vimos poucos trabalhos realizados no contexto amazônico, sendo a maioria do sudeste e nordeste. E quando nos reportamos aos termos mulher negra, educação e decolonialidade a recorrência foi ainda menor, não tendo nenhuma aparição do ano de 2019.

Desse modo, a pesquisa que originou este texto teve como método o estudo de caso (Yin, 2015), através de uma pesquisa narrativa (Clandinin; Connely, 2011) com uso da abordagem qualitativa (Minayo, 2016), e fazendo uso da análise do discurso (Orlandi, 2005) para análise dos dados coletados.

Foram os estudos de Yin (2015) que nos mostraram ser esse o melhor percurso, uma vez que, para o autor, independentemente do campo de interesse, o estudo de caso vem do desejo de entender fenômenos sociais complexos, indo muito além de uma simples estratégia de coletar dados. Isso porque compreende desde a elaboração do projeto de pesquisa, passando pelas técnicas a serem utilizadas na coleta de dados com suas abordagens específicas, até a análise de dados.

Dessa feita, o estudo de caso configurou-se como método satisfatório para investigar professoras negras do Distrito de Mazagão Velho-AP e capaz de responder às indagações acerca da trajetória socioeducacional das colaboradoras, considerando, ainda, que a pesquisa inclui em seu bojo aspectos: pessoal, educacional, profissional, social, financeiro, cultural, entre outros.

Para a escolha de desenvolver uma pesquisa narrativa nos embasamos, principalmente, nos estudos de Clandinin e Connely (2011), que asseveram que em vários campos da ciência a pesquisa narrativa tem se tornado uma prática comum e, na Educação, já é um discurso vigente. Desse modo, as experiências, que em nossa pesquisa denominamos de "trajetória socioeducacional", foram materializadas através das narrativas das participantes, que, combinadas com os fundamentos teóricos, nos ratificam a importância da interação entre a experiência pessoal e educacional das professoras negras de Mazagão Velho-AP.

Os relatos obtidos através das narrativas promoveram o confronto entre passado, presente e futuro. Por meio da pesquisa narrativa foi possível ter a compreensão do conhecimento empírico das colaboradoras, o que permitiu a construção do conhecimento científico a que nos propusemos. Os principais instrumentos de coleta de dados para a abordagem e o tratamento do objeto de estudo foram: a pesquisa bibliográfica, a entrevista semiestruturada e a observação direta.

É pertinente destacar que a pesquisa foi aprovada pelo Comitê de Ética em Pesquisa em Seres Humanos através do Parecer n.º 4.855.784/2021, conforme a Resolução n.º 466/2012 do Conselho Nacional de Saúde e Resolução n.º 510/2016 — Pesquisas nas áreas de Ciências Humanas e Sociais Aplicadas. Foi garantida, ainda, às participantes a privacidade com o uso de codificação de forma a assegurar o anonimato. A discussão dos dados ancorou-se na análise do discurso conforme postula Orlandi (2005).

RESULTADOS E DISCUSSÃO

Os sujeitos da pesquisa foram sete mulheres professoras moradoras da vila de Mazagão Velho-AP (*locus* da pesquisa), funcionárias públicas efetivas do quadro municipal ou estadual e, também, funcionárias do Contrato Administrativo, que atuam em Mazagão Velho-AP no ensino infantil, ensino fundamental I ou ensino fundamental II. Estão na faixa etária entre 39 e 48 anos e 100% se declararam do sexo feminino.

Desse universo, 71,43% têm ensino superior e especialização na área da educação. No entanto, há que se mencionar que não há, entre elas, especialistas na área das relações étnico-raciais ou outra área afim, posto que, entendemos, seria um somar de conhecimentos com capacidade de trazer grande retorno pessoal e profissional, principalmente por residirem e atuarem nessa comunidade.

Quanto à autodeclaração de cor, nossas entrevistadas se declararam: 28,57% "preta", 57,14% "parda" e 14,29% "morena". Nilma Lino Gomes (1995) ao discutir o "ser mulher negra no Brasil" traz importante debate acerca da identificação racial. A partir do cruzamento das leituras e das memórias das entrevistadas, confirma-se o quanto é difícil reconhecer-se como mulher negra/preta em uma sociedade racista. Para a autora:

> O conflito da identificação racial com a origem negra está colocado de maneira diferente para as mulheres consideradas socialmente brancas (morenas e mulatas) e para as pretas. As primeiras, ao não se identificarem enquanto negras, apelam para a mestiçagem e são socialmente respaldadas pela ideologia do branqueamento. As outras, mesmo se quiserem negar, tentando apelar para a mestiçagem, encontram nos traços fenotípicos o estigma de pertencerem à raça negra (Gomes, 1995, p. 129).

É nesse contexto que os termos "negro(a)" e "preto(a)" são carregados de estereótipos depreciativos, que inferiorizam quem faz parte desse grupo, fazendo com que as pessoas tenham receio de se aceitar como verdadeiramente são. Desse modo, podemos considerar que nossas entrevistadas que se autodeclararam "parda" ou "morena" poderiam, perfeitamente, ter se autodeclarado "preta" ou "negra".

Através da entrevista semiestruturada indagamos acerca das memórias da infância de nossas entrevistadas e, de modo geral, elas tiveram uma infância com limitados recursos financeiros, algumas passando por maiores dificuldades que outras. No entanto, mesmo com as adversidades que ficaram marcadas nas suas memórias foi possível perceber (no olhar) que elas relembram a infância como um período feliz que tira sorrisos dos rostos. Na comunidade de Mazagão Velho, a maioria dos pais, mães, avôs e avós de nossas entrevistadas tinham na agricultura, na pesca, no artesanato suas fontes de renda para sustento da família.

Logo, é possível conceber as dificuldades financeiras advindas dessa modalidade de sustento familiar. Outro aspecto de suma importância dentro da comunidade são as ações culturais e religiosas intensas durante todo o ano civil com expressiva participação popular, tanto dos moradores quanto de pessoas que visitam e participam das festividades.

Nossas entrevistadas, ao serem questionadas quanto à participação nas ações culturais e religiosas, foram unânimes em declarar que participavam, quando crianças, dos festejos que são tradicionais dentro da vila de Mazagão Velho. Era muito forte o envolvimento de seus pais e avós na organização e realização dos festejos, e elas, como filhas, participavam, também. Todavia, passados os anos a maioria foi se afastando, não dando continuidade à memória dos pais que tomavam a frente na realização das festas tradicionais na comunidade. Somente uma delas mantém forte relação com as festas tradicionais da comunidade, especialmente com o Marabaixo.

A trajetória educacional foi uma temática abordada pela entrevista buscando trazer memórias relacionadas à escolarização de nossas entrevistadas, que ingressaram na escola com idades entre 5 e 7 anos. Assim, é importante considerar que, mesmo diante das dificuldades relatadas, os pais, mães e avós não descuidaram do estudo inicial de nossas colaboradoras, embora a maioria deles tivesse pouca ou nenhuma instrução.

A partir dos relatos, vale mencionar os resultados das pesquisas acerca das desigualdades sociais por cor ou raça no Brasil que foram apuradas pelo IBGE[11] através da Pesquisa Nacional por Amostra de Domicílios (Pnad) Contínua, que constatou em 2018 um crescimento no acesso à educação da população preta ou parda, desde a infância. Esse é um fator muito importante que reflete diretamente no futuro dessa população, que, através da educação, tem oportunidade de romper o ciclo vicioso da exploração secular com condições concretas para a possibilidade de redução das desigualdades sociais (Brasil, 2018b).

Dados da Pnad Contínua 2016 — Estatísticas de Gênero: Indicadores sociais das mulheres no Brasil — publicados em 8/6/2018 demonstraram que houve um aumento nos níveis de escolarização das mulheres nas últimas décadas; no entanto, o grau de desigualdade entre brancas e pretas ou pardas ainda é uma realidade a ser superada. Mulheres prestas ou pardas têm maior índice de atraso escolar com um percentual de 30,7%, para 19,9% de mulheres brancas, na faixa etária de 15 a 17 anos, numa perfeita demonstração de desequilíbrio.

De modo geral nossas entrevistadas cursaram o ensino fundamental I, II, ensino médio e universidade na rede pública de ensino, com exceção de uma participante que estava concluindo o nível superior em instituição privada.

As memórias relatadas nos confirmaram que a sociedade brasileira ainda persiste na manutenção do processo secular de desumanização da criança negra, da jovem negra, da mulher negra, posto que algumas de nossas entrevistadas foram exploradas pelo trabalho doméstico infantil. Os debates que giram em torno da exploração da infância negra são de extrema necessidade, visto que a sociedade brasileira ainda alimenta, vee-

---

[11] Para mais informações acerca das pesquisas, acessar a página oficial do Instituto Brasileiro de Geografia e Estatística (IBGE).

mentemente, os privilégios de gênero, raça e classe, onde a mulher negra, apesar dos avanços, continua a desempenhar as funções similares às do período escravista. Munanga e Gomes (2016) trazem importantes reflexões acerca dessa narrativa.

> A mulher negra tem sido aquela que cuida da casa e dos filhos de outras mulheres para que estas possam cumprir uma jornada de trabalho fora de casa. Sendo assim, quando falamos que a mulher moderna tem como uma das suas características a saída do espaço doméstico, da casa, para ganhar o espaço público da rua, do mundo do trabalho, temos que ponderar que, na vida e na história da mulher negra, a ocupação do espaço público da rua, do trabalho fora de casa já é uma realidade muito antiga (Munanga; Gomes, 2016, p. 133).

É fato que a sociedade moderna e contemporânea não abre mão de seus privilégios e se apropria, ainda, da infância e adolescência de meninas negras que sonham com um futuro promissor, mas que se veem dentro de um mecanismo que dificulta sua ascensão social.

Beatriz Nascimento (2021) ressalta essa dinâmica da sociedade brasileira de ser fundada na seleção de acordo com a cor da pele, estabelecendo a hierarquia social; nesse contexto, a mulher negra ainda é reconhecida pela sociedade como a que deve continuar ocupando os espaços mais baixos dessa hierarquia. Para a autora "a mulher negra, elemento no qual se cristaliza mais a estrutura de dominação, como negra e como mulher, se vê, desse modo, ocupando os espaços e os papéis que lhe foram atribuídos desde a escravidão" (Nascimento, 2021, p. 58).

Esses estudos também são motivadores à proposição de debates e mais pesquisas que promovam o enfrentamento às desigualdades em todas as suas esferas. Pesquisas do IBGE retratam que, quando investigado o mercado de trabalho, constata-se que o grupo que mais tem vantagens é o formado por homens brancos, e o segundo grupo com maior vantagem é o da mulher branca, "que possui rendimentos superiores não só aos das mulheres pretas ou pardas, como também aos dos homens dessa cor ou raça" (Brasil, 2018a).

Outro aspecto bem relevante refere-se às narrativas sobre as trajetórias como profissionais da educação, constatando-se que somente duas das entrevistadas tinham desde a infância o desejo de formar-se professora, as demais relataram que a área da educação não era a desejada, porém, segundo elas, foi a única alternativa com reais perspectivas de um futuro promissor. Vindas de famílias pobres, elas precisavam de uma profissão que garantisse um emprego rápido.

As falas das entrevistadas nos habilitam a trazer um adendo quanto à região amazônica no que tange ao acesso às oportunidades de formação profissional. Verificou-se que as entrevistadas não tiveram a oportunidade de escolher outra área profissional que não fosse a da educação, porque na localidade em que residiam o Magistério era o curso profissionalizante ofertado no ensino médio.

É o retrato da dura realidade vivenciada pelos moradores dessa região: escassez de oportunidades nas áreas da educação, saúde, emprego, entre outras. E, no estado do Amapá, essa situação é ainda mais severa, tanto pela distância do restante do país quanto pelo acesso que só é feito por meio fluvial ou aéreo, dificultando mais a vinda de oportunidades.

Ao vislumbrar a mulher negra nesse contexto é fácil constatar que a mulher negra da Amazônia Brasileira tem menos oportunidades de educação, saúde, lazer, trabalho, moradia do que as mulheres do restante do país. Mas não deixamos de destacar que o preconceito e a discriminação de raça e gênero são uma realidade em qualquer região do Brasil.

Ao discutir o acesso à formação profissional, Taís de Freitas (2017) fala acerca da dificuldade da mulher, de modo geral, em exercer o magistério, posto que era uma profissão, inicialmente, exclusivamente masculina, e para a mulher negra o acesso era ainda mais difícil.

Desse modo, poucas foram as mulheres negras que conseguiram essa inserção no final do século XIX e início do século XX, razão pela qual são consideradas demonstrações de luta e determinação, como ressalta a autora ao afirmar que: "a resistência processa-se. As mulheres negras vão entrar na dita Escola Normal, vão concluir seus magistérios e lecionar nas escolas, públicas ou particulares, que se estabelecem no Brasil nas primeiras décadas do século XX" (Freitas, 2017, p. 73).

Nesse contexto, é de suma importância ressaltar o exemplo da professora e escritora maranhense Maria Firmina dos Reis, que seguindo marcha contrária ao curso normal na construção da história eurocêntrica conseguiu ser aprovada em concurso público para a Cadeira de Instrução Primária em 1847, um feito que não se ensina, portanto não se aprende na escola (Borges, 2009, p. 13).

São elementos de uma história que não é contada nas salas de aula para crianças e jovens, nem mesmo nas universidades, mas que fazem parte da formação da sociedade brasileira, que, hegemônica, invisibilizou a população negra. No entanto, Taís de Freitas (2017) nos lembra que

> Essas mulheres, em número quase insignificante para as estatísticas, foram fundamentais para a construção da igualdade racial no Brasil, quando, vencendo barreiras (visíveis e invisíveis) e superando estigmas, entram em sala de aula para ensinar as primeiras letras, as primeiras operações de matemática, história, geografia e ciências (Freitas, 2017, p. 77).

Compreendemos que dar visibilidade às nossas entrevistadas através de uma pesquisa científica é um movimento de luta e resistência, já que oportuniza dar voz a quem transpôs barreiras etnocêntricas para conquistar a formação profissional e ocupar espaços na sociedade racista e preconceituosa. Nilma Lino Gomes (1999) ressalta a importância da ocupação desses espaços pela mulher negra. Para a autora:

> Ser mulher negra e professora apresenta-se como uma outra forma de ocupação do espaço público. Ocupar profissionalmente este espaço, que anteriormente era permitido só aos homens e aos brancos, significa muito mais que uma inserção profissional. É um rompimento com um dos vários estereótipos criados sobre o negro brasileiro, ou seja, de que ele não é intelectualmente capaz (Gomes, 1999, p. 57).

São conquistas que representam muito mais do que somente a ocupação de um cargo público, mas principalmente o fato de ser uma mulher negra que ocupa esse cargo público. São oportunidades de quebra de estereótipos, de releitura da história, através de uma interpretação que inclua a participação da população negra na formação e construção da sociedade brasileira.

Uma oportunidade de aprender a reaprender que não está cristalizada nas vivências pessoais e profissionais da maioria de nossas entrevistadas, assim como da sociedade brasileira. Em um de seus ensaios, Lélia Gonzales (1979) traz importante discussão acerca da exploração dirigida à mulher negra; para a autora:

> O processo de exclusão da mulher negra é patenteado, em termos de sociedade brasileira, pelos dois papéis sociais que lhe são atribuídos "domésticas" ou "mulatas". O termo "doméstica" abrange uma série de atividades que marcam seu "lugar natural": empregada doméstica, merendeira na

> rede escolar, servente nos supermercados, na rede hospitalar etc. Já o termo "mulata" implica a forma mais sofisticada de reificação: ela é nomeada "produto de exportação", ou seja, objeto a ser consumido pelos turistas e pelos burgueses nacionais (Gonzales, 1979, p. 16).

As falas de Lélia Gonzales, assim como de outras militantes negras, denunciam os processos de submissão impostos à população negra, que ainda são reproduzidos nos dias atuais e que contribuíram na manutenção dos privilégios de gênero, raça e classe, desde a era colonial, na sociedade brasileira, definindo espaços de servilismo aos negros e negras. No entanto, é importante sempre lembrar que a população negra jamais se submeteu, passivamente, sempre houve luta, resistência, avanços e conquistas.

Ainda, quando cuidamos acerca dessas memórias de preconceito de gênero e raça, depois de adultas, nossas entrevistadas refletiram, rapidamente, e afirmaram não terem sofrido. Sendo que uma entrevistada fez menção a uma situação bastante corriqueira em nossa sociedade e que vem sendo combatida, também, rotineiramente: o racismo velado, práticas ordinárias que camuflam diversas ações preconceituosas, num famoso "faz de conta" que não existe mais racismo no Brasil.

Indagadas sobre a participação em movimentos sociais, uma afirmou participar do Movimento Negro, outra declarou participar, diretamente, de ações culturais vinculadas ao Marabaixo, tanto na comunidade de Mazagão Velho quanto em nível de estado, as demais não participam. Esse número é bastante intrigante quando consideramos o meio cultural em que as entrevistadas residem desde a infância, podendo-se inferir que isso se deu em face do próprio distanciamento que foi criado entre as entrevistadas e as ações culturais, um fosso comumente encontrado.

Sueli Carneiro (2019) discute, em um de seus artigos publicados em 2003, intitulado "Mulheres em movimento", a importância da mulher negra nos movimentos sociais e destaca a relevância das lutas por pautas que são específicas das mulheres negras; uma militância que emergiu principalmente a partir da década de 1970 com os debates do MNU. A autora cunhou a expressão "enegrecendo o feminismo" para

> [...] designar a trajetória das mulheres negras no interior do movimento feminista brasileiro. Buscamos assinalar, com ela, a identidade branca e ocidental da formulação clássica feminista, de um lado; e, de outro, revelar a insuficiência teórica e prática para integrar as diferentes expressões do feminismo construídos

em sociedades multirraciais e pluriculturais. Com essas iniciativas, pôde-se engendrar uma agenda específica que combateu, simultaneamente, as desigualdades de gênero e intragênero, afirmamos e visibilizamos uma perspectiva feminista negra que emerge da condição específica do ser mulher, negra e, em geral, pobre, e delineamos, por fim, o papel que essa perspectiva tem na luta antirracista no Brasil (Carneiro, 2019, p. 198).

A militância da mulher negra é muito discutida, também, nos estudos de Lélia Gonzalez, os quais nos ajudam na compreensão dessa temática tão importante e atual que é o feminismo negro. Ocupar os espaços sociais que foram ao longo dos séculos determinados para os não negros são ações que transpassam barreiras sociais e são sinônimos de conquistas que as mulheres negras vêm galgando ao longo dos séculos de enfrentamento ao preconceito racial e de gênero.

No caso específico de nossa pesquisa, cada professora negra dentro de uma sala de aula representa uma conquista pessoal e coletiva, e é importante que as mulheres negras aprendam a ter essa percepção, como aponta o estudo de Jarid Arraes (2017) que retrata a vida de mulheres pré e pós-abolicionistas que, ao longo do percurso histórico, resistiram às inúmeras formas de preconceito, exploração, discriminação e racismo.

Os debates, as leituras, os estudos, as lutas da militância vão atuar, diretamente, no processo de crescimento pessoal da mulher negra, pois sabemos que todo ser humano, normalmente, se molda de acordo com os espaços em que está inserido. E, habitualmente, estamos inseridos em grupos sociais hegemônicos que afeiçoam nosso pensar, nosso agir, de acordo com os ditames que a sociedade julga o correto, o bonito, o aceito e o criticado, enfim, tudo precisa se adaptar à nossa personalidade para o bom convívio social.

Ou seja, quem é gordo precisa emagrecer; quem tem cabelo crespo precisa alisar; quem tem nariz "chato" precisa operar, assim os traços afrodescendentes se esconden numa farsa criada para conquistar a aceitação, o passaporte para a vida em sociedade; ledo engano. Daí a importância de estudiosas, negras principalmente, ressaltarem acerca do envolvimento nos movimentos sociais e na militância negra.

CONSIDERAÇÕES FINAIS

Usurpada de qualquer direito a mulher negra foi destinada às terras brasileiras a serem submetidas à condição de escrava alicerçada numa legalidade imoral e desumana que perdurou por mais de três séculos. E, mesmo após a abolição da escravatura, ato dissimulado que não promoveu qualquer meio de inclusão da população negra na sociedade, a mulher negra continuou a ser a mais lesada na sociedade brasileira.

Ao nos debruçarmos sobre a história da população negra, que ainda não consta na história oficial do Brasil, constatamos que a educação foi e continua sendo importante bandeira de luta por ter a capacidade de oportunizar o transpor de barreiras sociais impostas desde o colonialismo à população negra. E estudos que propõem esse diálogo entre a educação e a mulher negra representam o poder que a ciência tem de promover o debate, assim como oportunizar a reescrita dessa história oficial do Brasil que invisibilizou a trajetória da mulher negra, num exercício necessário de aprender a reaprender o que nos foi contado.

As trajetórias de nossas entrevistadas são marcadas pela luta, resistência, mesmo que indiretamente, pela busca dos direitos sociais e políticos. Através da educação elas acessaram espaços socioeducacionais não permitidos, anteriormente, às mulheres negras, e conseguiram atravessar barreiras traçando metas e alcançando objetivos, representando enfrentamentos à estrutura hegemônica, eurocêntrica, machista, racista, patriarcal que fundamentou a sociedade brasileira. Que as práticas preconceituosas e racistas presentes na sociedade não tirem o entusiasmo e a vontade de prosseguir aprendendo a reaprender.

REFERÊNCIAS

ARRAES, Jarid. **Heroínas negras brasileiras em 15 cordéis.** São Paulo: Pólen Livros, 2017.

BARROS, Surya Aaronovich Pombo de. Discutindo a escolarização da população negra em São Paulo entre o final do século XIX e início do século XX. *In*: ROMÃO, Jeruse. **História da Educação do Negro e outras histórias.** Secretaria de Educação Continuada, Alfabetização e Diversidade. Brasília: Ministério da Educação, Secretaria de Educação Continuada, Alfabetização e Diversidade, 2005.

BORGES, Rosane da Silva. **Sueli Carneiro.** São Paulo: Selo Negro, 2009.

BRASIL. Instituto Brasileiro de Geografia e Estatística (IBGE). **Pesquisa Nacional por Amostra de Domicílios Contínua — Estatística de Gênero (Indicadores Sociais das mulheres no Brasil), 2018a.** Disponível em: https://biblioteca.ibge.gov.br/visualizacao/livros/liv101551_informativo.pdf. Acesso em: 15 jun. 2020.

BRASIL. Instituto Brasileiro de Geografia e Estatística (IBGE). **Pesquisa Nacional por Amostra de Domicílios Contínua — Desigualdades Sociais por Cor ou Raça no Brasil, 2018b**. Disponível em: https://biblioteca.ibge.gov.br/visualizacao/livros/liv101681_informativo.pdf. Acesso em: 15 jun. 2020.

CARNEIRO, Suelaine. Mulheres Negras na Educação: desafios para a sociedade, 2016. Disponível em: http://generoeeducacao.org.br/wp-content/uploads/2016/12/generoeducacao_site_completo.pdf. Acesso em: 22 jul. 2020.

CARNEIRO, Sueli. **Racismo, sexismo e desigualdade no Brasil**. São Paulo: Selo Norte, 2011.

CARNEIRO, Sueli. **Escritos de uma vida**. São Paulo: Pólen Livros, 2019.

CATANI, Denice Bárbara. **Docência, memória e gênero**: estudos sobre formação. São Paulo: Escrituras, 1997.

CLANDININ, D. Jean; CONNELLY, F. Michael. **Pesquisa Narrativa**: experiência e história em pesquisa qualitativa. Tradução: Grupo de Pesquisa Narrativa e Educação de Professores ILEEI/UFU. Uberlândia: EDUFU, 2011.

DAVIS, Angela. **Mulheres, raça e classe**. Tradução de Heci Regina Candiani. São Paulo: Boitempo, 2016.

DEL PRIORI, Mary. **História das mulheres no Brasil**. 10. ed. 6ª reimpressão. São Paulo: Contexto, 2018.

FREITAS, Tais Pereira de. **Mulheres Negras na Educação Brasileira**. 1. ed. Curitiba: Appris, 2017.

GOFFMAN, Erving. **Estigma**: notas sobre a manipulação da identidade deteriorada. Tradução de Márcia Bandeira de Melo Leite Nunes. 4. ed. Rio de Janeiro: LTC, 2021.

GOMES, Nilma Lino. **A mulher negra que vi de perto**. Belo Horizonte: Mazza Edições, 1995.

GOMES, Nilma Lino. Professoras negras: trajetória escolar e identidade. **Cad. CESPUC de Pesquisa**, Belo Horizonte, n. 5, p. 55–62, abr. 1999.

GOMES, Nilma Lino. **O Movimento Negro educador**: saberes construídos nas lutas por emancipação. Petrópolis, RJ: Vozes, 2017.

GONÇALVES, Luiz Alberto Oliveira; SILVA, Petronilha Beatriz Gonçalves. Movimento negro e educação. **Rev. Bras. Educ. [online]**, n. 15, p. 134–158, 2000.

GONZALEZ, Lélia. **Por um feminismo afro-latino-americano**: ensaios, intervenções e diálogos. Organização: Flavia Rios, Márcia Lima. 1. ed. Rio de Janeiro: Zahar, 2020.

YIN, Robert K. **Estudo de Caso**: Planejamento e Métodos. Porto Alegre: Bookman, 2015.

MALDONADO-TORRES, Nelson. Analítica da colonialidade e da decolonialidade: algumas dimensões básicas. *In*: BERNARDINO-COSTA, Joaze; MALDONADO-TORRES, Nelson; GROSFOGUEL, Ramón (org.). **Decolonialidade e pensamento afrodiaspórico**. 1. ed. Belo Horizonte: Autêntica Editora, 2018. (Coleção Cultura Negra e Identidades).

LOURO, Guacira Lopes. Mulheres na sala de aula. *In*: DEL PRIORI, Mary (org.). **História das mulheres no Brasil**. 8. ed. São Paulo: Contexto, 2006, p. 443–481.

MINAYO, Maria Cecília de Souza. **Pesquisa Social**: teoria, método e criatividade. Petrópolis, RJ: Vozes, 2016.

MIRANDA, Margarida. A Ratio Studiorum e o desenvolvimento de uma cultura escolar na Europa moderna. **Humanitas**, Universidade de Coimbra, n. 63, p. 473–490, 2011.

MUNANGA, Kabengele. **Negritude**: usos e sentidos. 4. ed. Belo Horizonte: Autêntica Editora, 2019.

MUNANGA, Kabengele; GOMES, Nilma Lino. **O negro no Brasil de hoje**. 2. ed. São Paulo: Global, 2016.

NASCIMENTO, Beatriz. **Uma história feita por mãos negras**: relações raciais, quilombolas e movimentos. Organização: Alex Ratts. 1. ed. Rio de Janeiro: Zahar, 2021.

ORLANDI, Eni P. **Análise de discurso**: princípios e procedimentos. 6. ed. Campinas: Pontes, 2005.

PONCE, Aníbal. **Educação e luta de classes**. Tradução, prefácio e notas de José Severo de Camargo Pereira. 19. ed. São Paulo: Cortez Editora, 2001.

QUIJANO, Anibal. **Colonialidade do poder, Eurocentrismo e América Latina**. Buenos Aires: Conselho Latino-Americano de Ciências Sociais (CLACSO), 2005.

RATTS, Alex; RIOS, Flávia. **Lélia Gonzalez**. São Paulo: Selo Negro, 2010.

SAVIANI, Demerval. **História das ideias pedagógicas no Brasil**. Campinas, São Paulo: Autores Associados, 2013.

STAMATTO, Maria Inês Sucupira. **Um olhar na história**: a mulher na escola (Brasil: 1549–1910). Programa de Pós-Graduação em Educação, UFRN. Rio Grande do Norte, 2002.

CAPÍTULO 6

QUILOMBO E MEMÓRIA: O PROJETO IDENTIDADE CULTURAL NA ESCOLA DAVID MIRANDA EM SANTANA (AP)

Silvaney Rubens Alves de Souza
Eugénia da Luz Silva Foster

INTRODUÇÃO

A Resolução n.º 8/2012 CNE/CEB ampliou e evidenciou a educação quilombola como uma nova modalidade de ensino e apresentou as diretrizes curriculares para a educação quilombola. Nesse contexto uma escola de porte pequeno à margem do rio Matapi, no estado do Amapá, nos chamou a atenção. A Escola Estadual David Miranda dos Santos (EEDMS) apresentou-se como um diferencial, não só por se autodeclarar quilombola, mas o que nos fez olhar com mais carinho para a instituição foram as atividades desenvolvidas em suas dependências, no contexto do processo de ensino-aprendizagem.

Nesse bojo, o presente artigo tem por objetivo analisar a importância do projeto Identidade Cultural, desenvolvido pela EEDMS, ao longo de nove anos aproximadamente[12], enquanto um conjunto de ações pedagógicas com possibilidades de fortalecer a identidade da comunidade, por meio da ampliação de um diálogo entre os saberes tradicionais e a escola, contribuindo para uma práxis pedagógica efetiva na educação escolar quilombola no estado do Amapá.

O multiculturalismo como uma corrente teórica é a base para a reflexão de todo o texto e autores como Candau (2008), McLaren (2000), Silva (2000; 2010), entre outros nos apresentam possibilidades de refletir sobre a importância da cultura no contexto da educação, tendo em vista que na contemporaneidade muitos conceitos e valores do passado foram e/ou estão

---
[12] O projeto Identidade Cultural surgiu como uma ação pequena e localizada, e ao longo de seus nove anos (2007 a 2015) ganhou importância na escola no contexto do avanço da Lei n.º 10.639/2003, período esse que compreende seu auge e declínio, de acordo com nossas pesquisas.

sendo ressignificados, buscando alternativas aos antigos e ultrapassados meios de compreensão de mundo e do outro, onde o "outro", a partir deste momento, assume o protagonismo enquanto sujeito sociocultural e agente de transformação de sua própria realidade.

Por outro lado, é importante destacar que Benjamin (1987), Halbwachs (1999) e Pollak (1992) contribuíram para um estudo sobre a memória e a história que apontasse para além do lugar-comum da história oficial, os quais assim como Leite (2001), Gomes (2005), Moura (1992; 1993) e Fiabani (2005) ajudam a pensar o quilombo e seus sujeitos sociais em um espaço e tempo contemporâneos, onde a memória coletiva olha para o passado de experiências traumáticas coletivas, como a escravidão, buscando possibilidades de superação através de uma luta por reconhecimento na contemporaneidade.

Assim, destacamos que o projeto Identidade Cultural é uma parte fundamental a ser analisada, mas não a única, pois o diálogo com a comunidade ajudou a compreender o que os comunitários almejaram com a escolarização que é direcionada às suas crianças, e quais as problemáticas que enfrentam relacionadas à escola localizada em seu território.

Destacamos que a comunidade tradicional de remanescentes de quilombolas em questão se encontra às margens do processo de acumulação de capital, no contexto do desenvolvimento econômico de base agrária, mas que sonha com um "desenvolvimento"[13] possível e adequado às suas especificidades no qual acreditamos que o modo de vida e os saberes tradicionais podem somar-se às novas alternativas que possibilitem um desenvolvimento sustentável, onde a EEDMS possa ser uma importante mediadora nesse contexto de transformação, visando a um desenvolvimento sustentável.

Este estudo se materializa apresentando uma organização de ideias a partir de três seções. Na primeira seção apresenta-se o caminho metodológico da pesquisa. Na segunda seção discute-se sobre o negro na região amazônica: uma história de lutas. Em seguida, uma discussão sobre história e memórias, um diálogo sobre o presente, onde se abordam a escolarização dos negros, Bourdieu e o campo cultural, além da escolarização e o multiculturalismo. Na terceira seção, apresenta-se a pesquisa de campo na EEDMS: o quilombo é aqui! Destacam-se dois pontos relevantes, a escola

---

[13] Utilizaremos esse conceito em uma perspectiva ampla que congrega não só os aspectos de acumulação de capital, em sua forma mais básica, mas também valores de bem-estar e felicidade individual, compatíveis com as percepções de Sen (2000).

e o projeto Identidade Cultural, e a escolarização na comunidade São José do Porto do Céu, apresentando-se alguns dados sobre evasão e rendimento escolar. Por último, as considerações finais.

CAMINHO METODOLÓGICO DA PESQUISA

Pela natureza do objeto de estudo desta investigação: um projeto pedagógico chamado Identidade Cultural, que foi desenvolvido no período de 2007 a 2015, optamos por uma pesquisa qualitativa através de um estudo de caso do tipo etnográfico, que, segundo André (2005), enfatiza um conhecimento do singular, onde o foco do interesse é a descrição da cultura, em suas mais diversas variantes, e não somente a escolarização em si.

Assim, o estudo de caso do tipo etnográfico se adequou de forma substantiva ao caráter desta pesquisa, que tem na comunidade tradicional de remanescentes de quilombolas São José do Matapi o seu *lócus*, onde o projeto Identidade Cultural é uma parte fundamental a ser analisada, mas não a única, pois o diálogo com a comunidade ajudou a compreender que os comunitários almejaram uma escolarização que valorize suas tradições e modos de vida, e algumas problemáticas que enfrentam relacionadas à escola localizada em seu território, como a falta de transporte adequado, além de uma estrutura predial inadequada para o funcionamento da escola, que se encontrava deteriorada.

Desse modo, o projeto pedagógico ora mencionado, que tem um caráter transdisciplinar, é o principal objeto de estudo e serviu de base para coletar informações importantes sobre a metodologia do ensino da instituição no contexto da educação quilombola, buscando compreender o processo de ensino-aprendizagem, por meio das ações e atividades do projeto.

É pertinente destacar que a coleta de dados (análise documental e entrevista semiestruturada) foi realizada mediante atendimento às recomendações previstas na Resolução n.º 466/2012 e Resolução n.º 510/2016 do Conselho Nacional de Saúde, que regula o desenvolvimento de pesquisas envolvendo seres humanos.

Assim, os participantes assinaram o Termo de Consentimento Livre e Esclarecido (TCLE), sendo informados de que os procedimentos adotados nesta pesquisa obedeciam aos Critérios da Ética em Pesquisa com Seres Humanos. Ressalta-se ainda que durante o processo de análise das informações assegurou-se o anonimato de todos os participantes com intuito de manter-se sua integridade.

O NEGRO NA REGIÃO AMAZÔNICA: UMA HISTÓRIA DE LUTAS

Na contemporaneidade, as comunidades tradicionais, como a de remanescentes de quilombolas, ganharam importância no âmbito institucional. Nesse contexto, o ponto de partida para a compreensão política do reconhecimento dessas comunidades tradicionais, bem como dos diversos grupos que compõem a sociedade brasileira, se encontra na Constituição Federal de 1988.

Também conhecida como Constituição Cidadão, esta, segundo Mota e Schmitz (2015), confere o reconhecimento institucional do Estado brasileiro aos direitos de diversos grupos não só ao território, mas principalmente ao uso dos recursos naturais, a partir de uma compreensão da importância dos diversos grupos sociais e étnicos e suas identidades coletivas para a sociedade brasileira. Mas o caminho trilhado por esse reconhecimento foi longo e as lutas advêm de um processo histórico muito anterior à Constituição de 1988, principalmente no contexto da região Amazônica.

No período colonial, as disputas do jogo geopolítico estabelecido na região Amazônica possibilitaram aos negros[14] uma maior mobilidade espacial e de resistência, como nos informa Flávio dos Santos Gomes:

> Devido as suas situações geopolíticas, as capitanias do Grão-Pará e do Rio Negro, na Amazônia, divisavam com territórios coloniais sob domínio espanhol, inglês, holandês e francês. O cenário principal para esses 'bumerangues' era a região de Macapá, na capitania do Grão-Pará, que limitavam-se com a Guiana Francesa. Havia ali uma constante motivação de fugas de escravos e formação de quilombos desde o primeiro quartel dos setecentos; [...] (Gomes, 1996, p. 135-136).

---

[14] Temos consciência de que no Brasil a semântica da palavra "negro" sofreu e sofre diversas variações, variando de uma adjetivação negativa a positiva, dependendo do contexto em uso. Neste trabalho utilizaremos a palavra "negro" para demarcar ora uma postura política do movimento social negro, que advém do contexto do pan-africanismo dos anos de 1960 que tanto influenciou autores brasileiros, como Abdias do Nascimento, autor de *O negro revoltado* (1982); *O genocídio do negro brasileiro* (1978) e *Teatro Experimental Negro* (1944-1961), entre tantas outras obras, que evidenciaram a palavra "negro" no contexto de um movimento político e social, portanto, uma adjetivação positiva. Já no contexto histórico, nos guiamos por obras de autores como Salles (1988; 2004) e Moura (1992; 1993), que apresentam a demonização "negro" para os africanos na condição de escravos e seus descendentes. Em outros momentos no texto, relacionados à contemporaneidade do processo de escolarização, optamos pela denominação de "afrodescendentes", para os negros e seus descendentes, por ter uma maior abrangência no texto de origem, e não exclusivamente no fenótipo, o que pode incluir expressões como "não brancos", utilizadas por autores como Hasenbalg (2005), Müller (2008) e Jaccoud (2008).

Mobilidade e resistência que, por sua vez, permitiram a formação de quilombos e mocambos[15] no espaço do território amazônico, já que o "destino" natural do negro fugido era o mocambo (Salles, 1988). Nesse sentido, retomamos Gomes (1996), que considera a fuga de escravos e a formação de quilombos e mocambos um problema crônico a ser enfrentado pelas autoridades imperiais, o que se observa pela grande movimentação ocasionada pelo que o autor convencionou chamar de "bumerangue quilombola", isto é, a constante troca de informações, produtos e experiências e, por que não falar também, de solidariedades entre essas populações "fugidas", nessa imensa região de fronteiras localizada na Amazônia:

> Esses quilombolas andavam armados, produziam roupas tingidas com vegetais da floresta, caçavam, 'salgavam' carne para comerciar e 'faziam tijolos para os franceses fazerem uma fortaleza'. Nesse contexto, naquelas regiões da Amazônia colonial, negros — fossem escravos ou livres, fugidos — criaram um espaço para contatos e cooperação (Gomes, 1996, p. 139).

Desse modo, Gomes (1996) nos ajuda a pensar o quilombo não como um lugar isolado do mundo à sua volta, mas como um lugar onde havia um movimento de ida e volta, seja de informações e/ou produtos, transformando-se, assim, em um catalisador e de intensa fomentação de ideias, sendo que estas eram as mesmas que circulavam pelos portos de todo o mundo num processo contínuo de trocas entre metrópoles e colônias.

Portanto, para entender a presença africana na Amazônia, é preciso também compreender os diversos contextos de lutas em que esses indivíduos foram, e continuam sendo, capazes de se adaptar e, sempre que possível, desenvolvendo suas próprias lógicas de resistência, seja na criação de quilombos e mocambos (Salles, 1988; Moura, 1992; 1993; Gomes, 1996; 2005), seja na construção de uma territorialização, surgida a partir do uso do espaço geográfico e seus recursos naturais possibilitando uma "prática política antológica"[16] (Escobar, 2015), seja na luta por garantias de direitos coletivos ora negados em razão da omissão do Estado brasileiro (Leite, 2001; Fiabani, 2005; Amaral, 2009).

---

[15] No contexto da historiografia, os ajuntamentos de negro fugidos na Amazônia também receberam o nome de "mocambos", como apontam Gomes (1996) e Salles (1988).

[16] Escobar (2015) ao apresentar seu estudo sobre a luta por direitos sobre o território de povos indígenas, campesinos e afrodescendentes na Colômbia destaca quatro dimensões que vai chamar de prática política antológica que são: *"conceptualizar y potenciar el proyecto de vida de las colunidades, baseado em prácticas y valores propios de su cosmovisión; la defesa del territorio como espacio que sustenta el proyecto de vida, desde la pespastiva étnico-territorial; dinâmica organizativa em torno a la apropriación y control social del território, base de la seguridad alimentaria y la autonomia; y la participación en estratégias de tranformación más amplias, especialmente através de su vinculación con organizaciones étno-territoriales afrocolombianas y com redes transnacionales de solidariedade"* (Escobar, 2015, p. 94).

HISTÓRIA E MEMÓRIAS: UM DIÁLOGO SOBRE O PRESENTE

Com uma argumentação cheia de alegorias, Benjamin (1987) nos apresenta uma importante alternativa para compreender a narrativa histórica a partir de novos conceitos, onde o passado é representado pelas experiências vividas e/ou imaginadas, constituindo-se como um forte elemento para uma estruturação de memórias, seja ela individual e/ou coletiva.

Assim, Benjamin (1987) aponta para a existência, no contexto específico da narrativa histórica, de um embate entre a modernidade, representada pela imprensa que exige informações de verificação imediata, e o caráter alegórico da narrativa, como resultado de uma memória coletiva ou individual, mas que representa as experiências vivenciadas ou imaginadas pelo narrador, cuja noção de tempo está a seu serviço. Dessa forma, o autor reconhece no narrador a liberdade alegórica de revisitar o passado lhe atribuindo elementos possíveis e imagináveis.

Nesse ponto, podemos nos apropriar das observações de Pollak (1992) em seu texto "Memória e identidade social", no qual demonstra que a memória pode transcender o próprio fato histórico[17] e afirma que os marcos historiográficos oficiais de uma nação podem não coincidir com certas referências históricas escolhidas por um coletivo para lhes representar e/ou indicar um importante acontecimento. Logo, mesmo as memórias se caracterizando como um aspecto muito subjetivo da representação de um fato histórico, Pollak (1992) alerta que

> Se destacarmos essa característica flutuante, mutável, da memória, tanto individual, quanto coletiva, devemos lembrar também que na maioria das memórias existem marcos ou pontos relativamente invariantes, imutáveis (Pollak, 1992, p. 201).

Por outro lado, Halbwachs (1990) alerta para o funcionamento e diferença da memória individual e coletiva, em que a primeira não é uma mera invenção do indivíduo, e sim fruto de experiências e palavras, que podem até ser emprestadas, sendo, ainda assim, fruto do que se viveu, observou e/ou sentiu, "mas é limitada muito estritamente no tempo e espaço" (Halbwachs, 1990, p. 54). Já no caso da memória coletiva há limitações, mas estas não são as mesmas, "elas podem ser mais restritas, bem mais remotas" (Halbwachs, 1990, p. 54).Ou seja, a memória coletiva pode acionar eventos bem

---

[17] Nesse contexto Pollak (1992) utiliza o termo "fato histórico" como representação do passado de forma genérica reconhecido de forma institucional por um governo e/ou nação.

mais específicos de um passado longínquo, mas necessita de um consenso de um coletivo, pois se torna um elemento constituinte de uma identidade coletiva (Pollak, 1992).

No caso do Brasil, cujo passado é composto por uma história de mais de 300 anos de escravidão, Pollak (1992) e Halbwachs (1990) nos ajudam a compreender que a memória tem uma importante função como uma operação coletiva que interpreta o passado, ajudando na coesão de grupos e na caracterização de sua fronteira social.

Assim, esses autores contribuem para pensar que os grupos de remanescentes de quilombolas na contemporaneidade podem se utilizar de uma estratégia na qual a *memória subterrânea*[18] coletiva se torna uma ponte semântica inerente à sociedade civil organizada, que *enquadra a memória* em diferentes conjecturas, seja ela favorável ou desfavorável, de modo que o presente colabora com o passado, em um processo constante que congrega os diversos sujeitos que buscam reconhecimento de suas identidades coletivas, no contexto da dinâmica dos conflitos sociais.

A escolarização dos negros

Ao apresentar um breve panorama da legislação educacional, no que concerne à questão racial, Dias (2005) destaca que a Lei de Diretrizes e Bases da Educação (LDB) n.º 4.024/1961, mesmo de forma secundária e tímida, já tratava como um de seus fins a condenação de quaisquer preconceitos de classe e raça. Porém, aponta o autor, há uma falta de estudos mais precisos sobre a atuação dos movimentos negros e/ou agentes que defenderam esse princípio na referida Lei.

De qualquer forma, fica evidente que o movimento negro travou uma luta pela democratização da escolarização no Brasil, além de uma preocupação com a melhoria de vida da população afrodescendente, como é o caso de Abdias do Nascimento. Em *O genocídio do negro brasileiro*, Nascimento (1978) nos traz importantes informações acerca da condição dos afro-brasileiros e critica duramente o uso das ciências, em sua perspectiva eurocêntrica, na compreensão de fenômenos africanos e/ou afro-brasileiros, citando a produção de Gilberto Freyre como um clássico exemplo de uma produção científica de cunho racista, pois por meio do luso-tropicalismo enaltece o êxito da colonização portuguesa nos trópicos e constrói uma "morenidade",

---

[18] Ver Pollak (1992).

que para Abdias do Nascimento (1978) contribuiu sobremaneira para uma mística racista que procurou embranquecer não só a pele, mas sobretudo a cultura do povo africano e afro-brasileiro.

Há muito o que destacar sobre a importância de Abdias do Nascimento no contexto do movimento negro e na educação, mas gostaríamos de citar *O negro revoltado* (1978), onde o autor destaca a sua participação no II Festival Mundial de Arte e Cultura Negroafricana (Festac), ocorrido na Nigéria no ano de 1977, a qual resultou em uma proposta que visava à promoção do "ensino compulsório da história e da cultura da África e dos africanos na diáspora em todos os níveis da educação: elementar, secundário e superior" (Nascimento, 1978, p. 33–34). Essa proposição evidenciou o silêncio ensurdecedor acerca da história dos africanos e sua contribuição para a formação da sociedade brasileira.

Florestan Fernandes[19], ao prefaciar o texto de Abdias do Nascimento em *O negro revoltado*, destaca a importante contribuição deste para a configuração do protesto negro no século XX, ressaltando a inclusão da terminologia "genocídio" para caracterizar o sistemático, institucionalizado e silencioso processo de violência demasiada sobre a população afro-brasileira, inclusive em suas consequências morais e culturais.

Assim, concordamos que na contemporaneidade a Lei Federal n.º 10.639/2003 vem ao encontro das reivindicações do movimento negro (Dias, 2005) e assume um papel de política pública, pois a partir dessa nova legislação a escolarização assume na sociedade brasileira um importante papel no processo de construção identitária dos afro-brasileiros, visando cumprir um papel outrora negado pela sociedade brasileira.

Há na Lei n.º 10.639/2003 um sentido de reparação histórica dos afrodescendentes e suas memórias, agora com novas perspectivas dentro das instituições de ensino, o que, segundo Videira (2009), pode "assegurar, do ponto de vista legal e institucional, o direito dos negros de se reconhecerem na cultura nacional, expressarem visões de mundo próprias; manifestarem com autonomia individual e coletiva, seus pensamentos" (Videira, 2009, p. 250). É importante ressaltar que o reconhecimento já existia antes da promulgação da Lei n.º 10.639/2003. Contudo, era sob uma autoimagem negativa. O que a lei vem transformar é a perspectiva sobre a contribuição da herança africana na cultura brasileira.

---

[19] Ver: NASCIMENTO, Abdias do. **O genocídio do negro brasileiro**: processo de um racismo mascarado. Rio de Janeiro: Terra e Paz, 1978.

Em outras palavras, a escolarização no Brasil após a Lei n.º 10.639/2003 assume novas perspectivas outrora negligenciadas pelo Estado brasileiro e abre caminhos rumo a novos tempos, em que a escolarização se propõe a resgatar a identidade histórica, social e cultural de parte da população antes invisibilizada, principalmente no contexto da educação escolar, resgatando também suas contribuições para a formação da cultura brasileira, assim como na cultura de matriz africana.

Portanto, acreditamos que, no campo do conhecimento escolar, a disputa do currículo no seio dos processos políticos e ideológicos se faz em sua elaboração e na seleção dos conhecimentos válidos para serem transmitidos ao conjunto da sociedade.

Desse modo, o maior avanço no contexto do currículo e do processo de ensino-aprendizagem, e consequentemente na seleção do que se ensina e se aprende, chega com as novas alterações que incluem no contexto do ensino a educação para as relações étnico-raciais, a exemplo da Lei n.º 10.639/2003. Contudo, ainda assim precisamos pensar as limitações desses simplórios avanços, pois a educação para as relações raciais ainda engatinha no cenário nacional, e o racismo no Brasil ainda é flagrante.

Bourdieu e o campo cultural

Para Fonseca (2009) a universalização da educação no Brasil e no mundo tornou visível uma melhor compreensão do currículo e do complexo processo de disputa em sua construção ideológica, principalmente no contexto da seleção dos conhecimentos que se ensinam e que se aprendem para uma sociedade contemporânea que tem na educação mais do que um direito, uma necessidade de transmissão, manutenção e perpetuação de um conhecimento caracterizado como importante para o conjunto da sociedade.

Segundo Silva (2010) uma boa proposta curricular político-pedagógica precisa ser construída coletivamente, envolvendo todos os segmentos. Precisa garantir os princípios pautados na educação antirracista, atendendo às necessidades a partir das diferenças, valorizando cada cultura, e não somente os interesses dos grupos hegemônicos. Além disso, deve ser livre de violência simbólica, ou seja, o currículo não é apenas um território de disputas teóricas, mas um lugar de ações educativas com participação de todos (Arroyo, 2013).

De acordo com a teoria do "espaço social" de Pierre Bourdieu, segundo Mendes e Seixas (2003), o sistema de ensino apresenta-se como reprodutor de desigualdades, em função da existência de um *capital cultural*, haja vista que Bourdieu (2005) constrói uma análise a partir da perspectiva da reprodução social, e nesse sentido a escola e a família, entre outras instituições, seriam cúmplices nesse processo de transmissão e manutenção de um determinado campo cultural (Mendes; Seixas, 2003).

Pierre Bourdieu (2005), em *A economia das trocas simbólicas*, faz uma análise tanto da produção cultural quanto dos meios que garantem as chamadas trocas simbólicas, em que os produtores de cultura assumem uma postura de protagonismo no processo de criação, mas não sem reproduzir a essência de um determinado *campo cultural*, seja de forma consciente ou inconsciente.

Ao falar sobre o sistema de produção e trocas simbólicas, Bourdieu (2005) argumenta que há uma lógica na estrutura social que garante de forma progressiva a reprodução das relações sociais de uma estrutura de *bens simbólicos*; dessa forma, a circulação e consumo de bens simbólicos atendem a uma autonomização de quem os produz, mas não de *campo cultural*, pois este faz parte de uma hierarquia ideológica.

Surgem, então, para Bourdieu (2005), os *espaços de hierarquia dos graus de consagração*, que são representados pelas instituições e também disciplinas, em que a cientificidade se torna uma forma de legitimação de uma determinada produção cultural, pois, "na maioria das disciplinas científicas, os progressos de consagração fazem-se acompanhar pelo abandono dos trabalhos empíricos em favor das sínteses teóricas, muito mais prestigiosas" (Bourdieu, 2005, p. 165).

Nesse sentido, há o desencadeamento de uma "hierarquia no campo cultural", que legitima os agentes sociais de produção e transmissão de um determinado campo cultural, agregando um nível de consciência, pois, de acordo com Bourdieu (2005), podemos inserir a instituição escola como um espaço de consagração de um *campo cultural*, já que, tal como foi planejada, construída e instituída, atende a interesses políticos, sociais e culturais de grupos específicos.

Escolarização e multiculturalismo

Klein e Pátaro (2008) apresentam uma reflexão sobre a escola e a educação comunitária e destacam que a escola assume uma importante função na sociedade na formação de novos cidadãos na contemporaneidade, frutos de um processo histórico complexo relacionado à própria (r)evolução dos meios de produção, em que a educação, como transmissão de saberes e valores, deixou de ser uma exclusividade de determinados grupos para tornar-se uma necessidade universal. Para Candau (2008), a educação escolar passa por diversas problemáticas, cujas dimensões abarcam questões como:

> Universalização da escolarização, qualidade da educação, projetos político-pedagógicos, dinâmica interna das escolas, concepções curriculares, relações com a comunidade, função social da escola, indisciplina e violência escolares, processos de avaliação no plano institucional e nacional, formação de professores/as, entre outras (Candau, 2008, p. 13).

Assim, a autora destaca a necessidade de se rediscutir a educação escolar, e a própria escola, reinventando-a para que seja capaz de oferecer espaços de ensino-aprendizagem significantes e desafiadores frente às novas demandas da sociedade contemporânea.

Candau (2008) também nos alerta para a impossibilidade de uma educação "desculturizada", já que, para a autora, todo o processo de educação está imerso em um contexto cultural. Desse modo, acreditamos que a democratização da escola não foi capaz de contemplar a diversidade da sociedade brasileira (Klein; Pátaro, 2008), levando-nos a interpretar que os grupos remanescentes de comunidades quilombolas ainda se sentem distantes, de certa forma, do *capital cultural* imposto majoritariamente nas escolas Brasil afora.

Nesse contexto, a escola continua sendo caracterizada como um lugar por excelência de tensões e conflitos civilizatórios, onde a pressão social incide sobre o modelo vencedor, e continua a se apresentar junto aos movimentos sociais como uma alternativa de pluralidade, sonhos e utopias (Linhares, 1999; 2001; 2010). Portanto, a educação multicultural emerge como uma possibilidade de democratização efetiva nos espaços escolares em vista da hegemonização de conceitos civilizatórios face a uma sociedade multicultural como a brasileira.

Oliveira e Candau (2010) nos apresentam conceitos de Catherine Walsh (2001) que nos ajudam a ampliar a discussão sobre uma educação multicultural visando a uma postura decolonial, como a *interculturalidade crítica*, que entre outras coisas significa um "processo dinâmico e permanente de relação, comunicação e aprendizagem entre culturas em condição de respeito, legitimidade mútua, simetria e igualdade" (Oliveira; Candau, 2010, p. 26).

Nesse sentido, Walsh (2009) propõe uma abordagem crítica, enfatizando a necessidade de considerar o problema estrutural-colonial-racial, ou seja, de um reconhecimento de que a diferença se constrói dentro de uma estrutura e matriz colonial de poder racializado e hierarquizado. Assim, a autora aponta a necessidade de transformação das estruturas, instituições e relações sociais, e da construção de condições de estar, ser, conhecer, aprender, sentir e viver.

Ademais, Silva (2000) destaca que questões relacionadas ao multiculturalismo têm se tornado uma preocupação frequente da pedagogia oficial na contemporaneidade, fato impulsionado principalmente por conceitos como identidade e diferença; e reforça que o multiculturalismo se baseia em um tipo vago e benevolente de aceitação das diferenças, considerando particularmente problemática essa ideia de diversidade.

Sobre o multiculturalismo é importante destacar ainda a importante contribuição de McLaren (2000); para o autor, não se pode dissociar essa discussão dos grandes temas relacionados às experiências de grupos historicamente oprimidos. McLaren ainda destaca que o multiculturalismo faz parte de um processo do avanço do capitalismo e de suas contradições que caracterizaram a "nova ordem mundial" (McLaren, 2000), e afirma que

> Um enfoque sobre relações materiais globais de opressão pode nos ajudar a evitar a redução do "problema" do multiculturalismo a simplesmente uma questão, atitude ou estado de espírito, ou como no caso da academia, a um simples caso de discordância textual ou guerra de discurso (McLaren, 2000, p. 59).

Assim, apoiado em uma pedagogia crítica, McLaren (2000) avança ao apresentar a importância de um currículo e de uma pedagogia no contexto do multiculturalismo, que se preocupe com a especificidade da diferença dos diversos grupos identitários que compõem a sociedade, mas regida sob uma lei do respeito que oriente para a liberdade e libertação dos grupos oprimidos.

Então, acreditamos que a identidade e a memória dessas comunidades tradicionais quilombolas podem ser preservadas e inseridas no contexto histórico contemporâneo como elementos valorativos de uma história — não só de luta pela sobrevivência, mas também de uma vivência plena de conquistas, preservação e orgulhosa de sua cultura, construída historicamente no processo.

E, portanto, a identidade, saberes e jeitos de viver e ser dos homens e mulheres dos diversos grupos étnicos brasileiros fazem, ou deveriam fazer, parte do processo de ensino-aprendizagem, reconhecidos como conhecimentos válidos para a aprendizagem e, por isso, serem valorizados no contexto da escolarização, a partir de uma perspectiva multicultural capaz de flexibilizar os rígidos conceitos de cultura e conhecimento hegemônicos que caracterizaram a escolarização "eurocentrada" brasileira.

ESCOLA ESTADUAL DAVID MIRANDO DOS SANTOS: O QUILOMBO É AQUI!

A EEDMS[20] está localizada no município de Santana,[21] às margens do rio Matapi, e oferta a modalidade de ensino fundamental, do primeiro e do segundo segmentos, ou seja, do 1º ao 9º ano, atendendo cerca de 220 alunos. Sua clientela é formada principalmente por crianças remanescentes de quilombo da própria comunidade, São José do Matapi, com a presença de outras comunidades do entorno, como: São Tomé do Alto Pirativa, Cinco Chagas e São João do Matapi. Há ainda outras localidades ribeirinhas do rio Matapi; e, devido ao crescimento das comunidades litigantes que a cercam (ocupação desordenada), há alunos "posseiros", cuja presença é recente.

Acreditamos que a EEDMS é uma pequena amostra para a compreensão da percepção da educação escolar destinada aos remanescentes quilombolas no estado do Amapá, dadas as suas características únicas: localizada em uma área rural, ribeirinha, em um território em processo de reconhecimento como território quilombola.[22]

Ao entrevistar[23] membros da diretoria da comunidade sobre a escola e sua importância para a comunidade[24], o que mais nos chamou a atenção foi o relato de um dos membros da atual gestão da diretoria da associação

---

[20] O nome dado à escola não tem qualquer relação com a comunidade, pois foi uma homenagem a um diretor recém-nomeado para a escola, mas que faleceu no dia em que tomou posse como diretor, vítima de um acidente de carro.

[21] A escola está no território do distrito do Coração, pertencente ao município de Macapá, mas em nível administrativo pertence ao município de Santana.

[22] O território é reconhecido e certificado, mas ainda não possui a titulação definitiva, pois espera pela demarcação de seu território, que ainda está em processo no Instituto Nacional de Colonização e Reforma Agrária (Incra); contudo, há uma demarcação provisória da área.

[23] Os comunitários foram entrevistados na sede da comunidade com a participação da associação de moradores (presidente e demais membros) em hora e dia previamente agendado, devido à maioria dos comunitários exercer a função de agricultores.

[24] Para facilitar o trabalho de pesquisa, entrevistamos somente os membros da diretoria, entrevista que ocorreu em um sábado à tarde, na casa de um dos membros, e contou com todos os diretores. Nesse caso não citaremos nomes e sempre que possível nos referiremos à diretoria para reportar os anseios e/ou problemáticas em comum relatados pela instituição.

da comunidade: aos 68 anos, nascida na comunidade, ela reportou que não havia escola nas proximidades, no seu tempo de estudo, e ela própria estudou só até a segunda série primária; a agricultora, mãe de sete filhos, informou que todos os filhos estudaram na EEDMS, e traz na memória a dificuldade de estudo quando existia a necessidade de percorrer longas distâncias para se chegar à escola.

Logo, ao nos reportamos às experiências escolares em regiões rurais onde os educandos precisam fazer longos deslocamentos, aliados à baixa escolaridade dos seus responsáveis, existe uma grande possibilidade de nos depararmos com casos de evasão escolar, principalmente se a escola não dispuser de um eficiente trabalho integrado entre profissionais da educação, projeto pedagógico e comunidade em seu entorno.

A ESCOLA E O PROJETO IDENTIDADE CULTURAL

Esse projeto interdisciplinar representou o caráter inovador de uma educação integrada à comunidade e seus aspectos sociais e culturais, no que concerne à construção de uma identidade quilombola e à ressignificação de valores e conceitos históricos para a comunidade e seu entorno. Assim, o projeto em seus objetivos destaca que a:

> Valorização da diversidade étnico racial existente na sociedade brasileira, através do resgate das manifestações culturais, buscou-se (re)conhecer a contribuição de cada grupo étnico na construção da sociedade brasileira e, mais especificamente amapaense, resgatando valores identidários, inerentes aos educandos, a partir do seu pertencimento histórico e cultural (Souza; Rocha, 2015, p. 43).

O projeto, segundo um profissional da educação lotado na escola há anos, se configura a partir:

> *De uma necessidade muito grande que nós notamos, aqui, a questão da identidade de uma escola que estava em uma área quilombola, mas as crianças não se viam entre desse universo e havia muita descaracterização, porque havia umas crianças que ficavam muitos escondidas, não gostavam de se mostrar e não tinham um orgulho de ser negras* (Entrevistado A).

Nesse relato, em que apresenta o seu diagnóstico, percebemos a falta de uma reflexão crítica por parte do profissional dos efeitos de uma educação eurocentrada com seu caráter generalizante e seu currículo fechado, ao ponto do entrevistado perceber nas crianças uma postura e características definidoras de suas identidades, no caso a não aceitação do ser negro e/ou quilombola, mas há uma omissão, de certa forma, em reconhecer o papel da escolarização nesse processo de negação da identidade negra, de forma positiva, atribuindo de forma indireta às crianças todo o peso de sua baixa autoestima.

Nesse sentido, temos que nos reportar a Pereira (2005) quando afirma que a escola, tanto privada ou pública, tem uma postura alienante "reprodutora dos valores hegemônicos na sociedade" (Pereira, 2005, p. 37), o que nos aponta o caráter replicador da instituição escola, enquanto normativas aceitas de comportamentos padrões que replicam o racismo, até estrutural. Portanto, observamos nas entrelinhas do diagnóstico feito pelo entrevistado uma representação do racismo estrutural, pois ele reconhece nas crianças a recusa do *"orgulho em ser negras"* e quilombolas.

Destacamos que dentro dos parâmetros de uma sociedade que tem em sua base cultural padrões eurocêntricos, concordamos com Souza (1983) ao indicar que nascer negro não faz o indivíduo "ser negro", principalmente se observarmos a história da escolarização dos negros no Brasil, cujo conhecimento, conceitos e ideais de sociedade foi eurocentrado já desde a Primeira República, por meio de uma ideologia do embranquecimento (Müller, 2008).

Portanto, as motivações que deram origem ao referido projeto não se resumem ao contexto de "descaracterização" das crianças quanto à sua origem quilombola, para usar as palavras de um dos entrevistados e idealizadores do projeto, mas nesse caso temos que levar em consideração os conceitos gerais de uma sociedade onde "essa propalada democracia racial não passa, infelizmente, de um mito social" (Fernandes, 2007, p. 60), mito que, segundo o autor, foi construído por uma maioria para acalentar os interesses morais e sociais de uma minoria, de forma que os "brancos" não se sentiriam obrigados a "diminuir as formas existentes de resistência à ascensão social do negro" (Fernandes, 2007, p. 60).

No entanto, é compreensível e plausível que a problemática tenha sido identificada e contextualizada no seu aspecto pedagógico; destacamos nesse contexto a capacidade da escola, por meio de seus profissionais, propor uma ação pedagógica inovadora capaz de transgredir os parâmetros ideológicos de uma instituição que tem no eurocentrismo a base de sua existência, conseguindo apresentar uma nova alternativa de escolarização para essa comunidade de remanescentes de quilombolas.

Oliveira e Candau (2010) destacam que a Lei n.º 10.639/2003 trouxe novas possibilidades de construções teóricas e reflexões sobre a colonialidade do poder, do saber e do ser, destacando que: "O termo reconhecimento implica desconstruir o mito da democracia racial; adotar estratégias pedagógicas de valorização da diferença; reforçar a luta antirracista e questionar as relações etnicorraciais baseadas em preconceitos e comportamentos discriminatórios" (Oliveira; Candau, 2010, p. 32).

Dentre as ações do projeto que mais chamaram a nossa atenção podemos citar: a elaboração de um periódico chamado "Cipó Cultural" e a "Gincana Cultural VI", com sua ação de exposição de trabalhos pedagógico-culturais para todas as comunidades envolvidas. Do jornal "Cipó Cultural", que apresenta muitas informações interessantes, tivemos acesso aos exemplares da primeira edição, do ano de 2007, início do projeto, e da quarta edição, do ano de 2010, quando o projeto já estava consolidado, após três anos consecutivos de realização.

O periódico inova na seleção de assuntos e nas propostas de temas, pois insere a comunidade como protagonista, principalmente se levarmos em consideração os assuntos apresentados pelos alunos nas duas edições analisadas (2007 e 2010), que apresentam vários temas distribuídos em diversos cadernos, divididos em pequenos artigos, como: *um breve histórico sobre a "Consciência negra", dicas de saúde, dicas de pesca, dicas de beleza, humor, cantinho cultural* e até *classificados*, além de receitas culinárias.

Todos os temas têm autoria de alunos, supervisionados pelos professores, onde os próprios docentes são entrevistados sobre educação, gestão e mensagens para a comunidade discente. Outra atividade que marca o caráter inovador do projeto foi a "Gincana Cultural, Esportiva e de Sustentabilidade Ambiental", ocorrida no encerramento do "Identidade Cultural VI", em 2011, que teve como público-alvo, além da comunidade escolar, as comunidades quilombolas do entorno.

Dentre as atividades mais interessantes citamos a competição de coleta do açaí, competição de pesca (anzol e caniço) e a horta sustentável, para as quais os alunos foram divididos em duas equipes: africana e portuguesa. Nessa "Gincana Cultural", percebemos o ápice de uma atividade que tem como objetivo a "valorização da diversidade étnico-racial existente na sociedade brasileira" (Souza; Rocha, 2015, p. 43).

ESCOLARIZAÇÃO NA COMUNIDADE SÃO JOSÉ DO PORTO DO CÉU: ALGUNS DADOS SOBRE EVASÃO E RENDIMENTO ESCOLAR

Para melhor compreender os impactos do projeto Identidade Cultural na comunidade escolar ao longo dos anos, buscamos alguns indicadores que nos possibilitam ver os efeitos práticos na rotina da escola, o que pode ser atestado por dois indicadores de suma relevância: evasão escolar e rendimento.

Ao analisar os dados de aprovação da EEDMS, antes e depois do início do "Identidade Cultural" e suas diversas atividades pedagógicas, percebemos uma melhora (sic) em todos os indicadores analisados[25], já que em 2004, ano anterior ao projeto, temos um índice de 13,2% de reprovados e 3,4% de abandono, enquanto que em 2007 esses índices já apresentam uma leve queda de 7,97% na reprovação e 1,45% na evasão escolar, respectivamente, apresentando uma pequena melhora nos indicadores.

Gráfico 1 – Evasão escolar por ano da Escola David Miranda

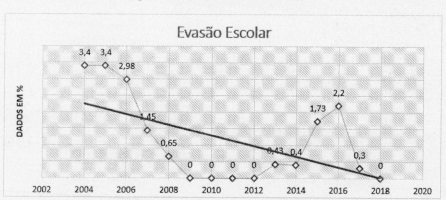

Fonte: Coordenação Escolar[26], 2019

Um fato que chama atenção são os índices de abandono nos anos posteriores a 2008 até 2014; o maior índice é de 0,40%, ou seja, um aluno. Um dado extremamente relevante que precisa de mais estudos e análises

---

[25] Os dados que compõem essa análise foram cedidos pela Coordenação Pedagógica da escola, que para nossa surpresa dispõe de um levantamento detalhado sobre rendimento escolar e evasão, desde o ano de 2004.

[26] Gráfico construído com base nos relatórios da Coordenação Escolar.

para compreender se houve uma ação mais direcionada da escola no combate à evasão escolar, mas acreditamos que o projeto também contribuiu para esses indicadores de forma positiva.

Portanto, o baixo indicador de evasão escolar apresentado pela EEDMS, nos anos analisados, deve ser considerado como um grande avanço no processo de escolarização das crianças quilombolas, pois esse indicador pode ser um reflexo direto da aceitação do processo de escolarização, por parte dos alunos, além dos reflexos de vários fatores relacionados aos projetos pedagógicos desenvolvidos na escola, onde podemos destacar o "Identidade Cultural".

Além disso, um indicador que consideramos importante a ser analisado é o Índice de Desenvolvimento da Educação Básica (Ideb) da escola; criado em 2007, foi formulado para mensurar a qualidade da educação, no que concerne ao processo de ensino-aprendizagem, estabelecendo metas para a melhoria do ensino em âmbito nacional[27].

Nesse indicador podemos perceber algo curioso ao comparar os números do estado do Amapá, do município de Santana e da EEDMS. A escola apresenta um indicador acima da média se comparada com o Ideb do estado do Amapá e da cidade de Santana, na qual está inserida administrativamente.

Gráfico 2 – Comparativo de indicadores do Ideb/Inep

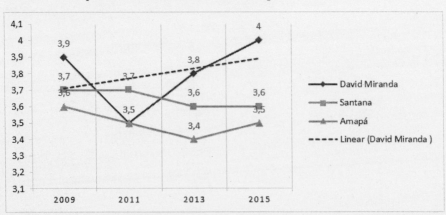

Fonte: Ideb/Inep, 2009–2015[28]

[27] Ver: http://portal.mec.gov.br/secretaria-de-educacao-basica/programas-e-acoes?id=180
[28] Ver: http://ideb.inep.gov.br/resultado/resultado/resultado.seam?cid=147582

Acreditamos que esse indicador, que apresenta uma tendência crescente, é bem significativo por se tratar da qualidade do ensino e, ao atingir 4 pontos em 2015, pode ser fruto de um processo de ensino-aprendizagem diferenciado, a partir da experiência do projeto Identidade Cultural, que foi desenvolvido durante vários anos, apontando para uma experiência exitosa, já que o indicador geral do estado e do município estão abaixo do apresentado pela escola.

Em nível de comparação, o Ideb da Escola Estadual José Bonifácio, localizada no quilombo do Curiaú, apresenta níveis bem inferiores, apesar de contar com uma estrutura física adequada e se localizar próximo do perímetro urbano da cidade de Macapá, conforme Ideb/Inep (2009–2015). Ao contrário da EEDMS, a linha de tendência da escola José Bonifácio é de queda, o que demonstra uma piora no processo de ensino-aprendizagem conforme os parâmetros do Ideb/Inep.

Gráfico 3 – Comparativo de indicadores Ideb/Inep entre escolas quilombolas

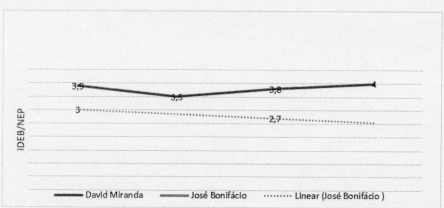

Fonte: elaboração dos autores[29], 2019

Assim, por meio do Ideb/Inep podemos perceber que a escola pesquisada apresentou um desempenho acima da média se comparada com a escola José Bonifácio, ambas estaduais e quilombolas, o que só reforça que houve um importante processo de ensino-aprendizagem que se fez sentir nos principais indicares educacionais da escola.

---

[29] Gráfico construído a partir dos dados disponíveis no site do Ideb/Inep.

CONSIDERAÇÕES FINAIS

O processo de escolarização e a própria escola enquanto instituição normativa de transmissão do conhecimento devem ser norteados por valores e conceitos válidos para o conjunto de toda a sociedade, incluindo os seus diversos grupos étnicos, o que torna possível a ruptura de velhos conceitos descontextualizados, abrindo, assim, espaços para novos saberes e conhecimentos, estes adequados a uma realidade diversificada e pluriétnica, como é o caso da educação escolar quilombola, à luz de uma perspectiva multicultural, em suas múltiplas realidades.

A pesquisa nos possibilitou identificar como a memória e a identidade se constituem em um conjunto importante de experiências que a comunidade de remanescentes de quilombolas São José do Matapi dispõe para fazer frente a um processo de reconhecimento institucional, seja governamental ou não. E como o projeto Identidade Cultural, desenvolvido ao longo dos anos, contribui sobremaneira para pavimentar novos caminhos no processo de ensino-aprendizagem que contribuem para a valorização dos saberes tradicionais e o modo de vida da comunidade no contexto da contemporaneidade.

O projeto Identidade Cultural se constituiu não só em uma alternativa de diálogo entre a comunidade e seus saberes tradicionais, possibilitando uma flexibilização no *capital cultural* dos profissionais da educação que atuaram na instituição ao longo da realização do projeto, contribuiu também para estabelecer um equilíbrio, de certa maneira, na conturbada e conflituosa relação entre a epistemologia e os saberes tradicionais, que são elementos essenciais no processo de (re)produção dessa comunidade tradicional.

REFERÊNCIAS

AMAPÁ. **Jornal Cipó Cultural**. Informativo das turmas 621 e 622 da Escola Estadual David Miranda. Coordenação e editoração: Terezinha Sales. 1. ed. Santana-AP, novembro de 2007, p. 1-4.

AMAPÁ. **Jornal Cipó Cultural**. Informativo produzido pela turma 821 da Escola Estadual David Miranda. Coordenação e editoração: Terezinha Sales. 4. ed. Santana-AP, dezembro de 2010, p. 1-6.

AMARAL, Assunção José Pureza. Remanescentes das comunidades quilombolas do interior da Amazônia: conflitos, formas de organização e políticas de direito à diferença. **Cadernos do CEOM**, Chapecó, n. 30, ano 22, 2009.

ANDRÉ, Marli Eliza Dalmazo Afonso de. **Estudos de caso em pesquisa e avaliação educacional**. Brasília: Líber Livro Editora, 2005.

ARROYO, Miguel Gonzáles. **Currículo, território em disputa**. 5. ed. Petrópolis, RJ: Vozes, 2013.

BRASIL. **Lei nº 10.639, de 9 de janeiro de 2003**. Altera a Lei nº 9.394, de 20 de dezembro de 1996, que estabelece as diretrizes e bases da educação nacional, para incluir no currículo oficial da Rede de Ensino a obrigatoriedade da temática "História e Cultura Afro-Brasileira", e dá outras providências. Brasília, DF, 2003.

BRASIL. **Resolução CNE/CEB nº 08, de 20 de novembro de 2012**. Parecer CNE/CEB n.º 16 de 2012. Define diretrizes curriculares nacionais para educação escolar quilombola na educação básica. Brasília: CNE, 2012.

BRASIL. Instituto Nacional de Estudos e Pesquisas Educacionais Anísio Teixeira (INEP). **Consulta ao Índice de Desenvolvimento da Educação Básica**. Disponível em: http://ideb.inep.gov.br/. Acesso em: 15 fev. 2018.

BENJAMIN, Walter. **Magia e técnica, arte e política**. Tradução de Paulo Sérgio Rouanet. (Obras Escolhidas; v. I). São Paulo: Brasiliense, 1987.

BOURDIEU, Pierre. **O poder simbólico**. Rio de Janeiro: Editora Bertrand, 2005.

CANDAU, Vera Maria Ferrão. Multiculturalismo e educação: desafios para a pratica pedagógica. *In*: MOREIRA, Antônio Flávio; CANDAU, Vera Maria Ferrão (org.). **Multiculturalismo**: diferenças e práticas pedagógicas. Petrópolis: Ed. Vozes, 2008, p. 13–37.

DIAS, Lucimar Rosa. Quantos passos já foram dados? A questão de raça nas leis educacionais — da LDB de 1961 à Lei 10.639 de 2003. *In*: ROMÃO, Jeruse (org.). **História da educação do negro e outras histórias**. Brasília: SECADI, 2005, p. 49–62. (Coleção Educação Para Todos).

ESCOBAR, Arturo. Territórios de diferencia: la ontologia política de los "derechos al território". **Desenvolvimento e Meio Ambiente**, v. 35, p. 89–100, dez. 2015.

FERNANDES, Florestan. **O negro no mundo dos brancos**. 2. ed. São Paulo: Global, 2007.

FIABANI, Adelmir. **Mato, palhoça e pilão**: o quilombo, da escravidão às comunidades de remanescentes. São Paulo: Expressão Popular, 2005.

FONSECA, Selva Guimarães. **Didática de ensino de História**: experiências, reflexões e aprendizado. Campinas, SP: Papirus, 2009.

GOMES, Flávio dos Santos. **A Hidra e os pântanos**: mocambos, quilombos e comunidades de fugitivos no Brasil (séculos XVIII e XIX). São Paulo: Ed. Unesp; Ed. Polis, 2005.

GOMES, Flávio dos Santos. Nas fronteiras da liberdade: mocambos, fugitivos e protesto na Amazônia colonial. **An. Arq. Públ. Pa**, Belém-PA, 1996.

HALBWACHS, Maurice. **A memória coletiva**. São Paulo: Editora Vértice, 1990.

KLEIN, Ana Maria; PÁTARO, Cristina Satiê de Oliveira. A escola frente às novas demandas sociais: educação comunitária e formação para a cidadania. **Cordis: Revista Eletrônica de História Social da Cidade**, n. 1, 2008.

JACCOUD, Luciana. Racismo e República: O debate sobre branqueamento e a discriminação racial no Brasil. *In*: THEODORO, Mário (org.). **As políticas públicas e a desigualdade no Brasil**: 120 anos após a abolição. Brasília: IPEA, 2008.

LEITE, Ilka Boaventura. Os quilombos no Brasil: questões conceituais e normativas. **Etnográfica**, v. IV, n. 2, 2001.

LINHARES, Célia. O sonho não acabou: movimentos instituintes na educação brasileira. *In*: SILVA, Waldeck Carneiro *et al.* (org.). **Movimentos instituintes em educação**: políticas e práticas. Niterói: Intertexto, 2010.

LINHARES, Célia. Narrações compartilhadas na formação dos profissionais da educação. *In*: SILVA, Waldeck Carneiro *et al.* (org.). **Formação de professor**: narrando, refletindo, intervindo. Rio de Janeiro: Intertexto, 1999.

LINHARES, Célia (org.). **Os professores e a reinvenção da escola**. 2. ed. São Paulo: Cortez, 2001.

MCLAREN, Peter. **Multiculturalismo crítico**. 3. ed. São Paulo: Cortez, 2000.

MENDES, José Manuel; SEIXAS, Ana Maria. A escola, desigualdades sociais e democracia: as classes sociais e a questão educativa em Pierre Bourdieu. **Educação, Sociedade e Culturas**, 2003.

MOTA, Dalva Maria da; SCHMITZ, Heribert. Políticas **públicas e** comunidade tradicional: reconhecimento e conquista de direitos. *In*: GRISA, Catia; SCHNEIDER, Sérgio (org.). **Políticas públicas de desenvolvimento rural no Brasil**. Porto Alegre: Editora da UFGRS, 2015.

MOURA, Clóvis. **História do negro brasileiro**. São Paulo: Ática, 1992.

MOURA, Clóvis. **Quilombos**: resistência ao escravismo. 3. ed. São Paulo: Ática, 1993.

MÜLLER, Maria Lúcia Rodrigues. **Educação & alunos negros na Primeira República**. Rio de Janeiro: Fundação Biblioteca Nacional, 2008.

NASCIMENTO, Abdias do. **O genocídio do negro brasileiro**: processo de um racismo mascarado. Rio de Janeiro: Terra e Paz, 1978.

OLIVEIRA, Luiz Fernandes de; CANDAU, Vera Maria Ferrão. Pedagogia decolonial e educação antirracista e intercultural no Brasil. **Educação em Revista**, Belo Horizonte, v. 26, n. 1, p. 15–40, abr. 2010.

PEREIRA, Amauri Mendes. Escola: espaço privilegiado para a construção da cultura de consciência negra. *In*: ROMÃO, Jeruse (org.). **História da educação do negro e outras histórias**. Brasília: SECADI, 2005, p. 35–48. (Coleção Educação Para Todos).

POLLAK, Michael. Memória e identidade social. Revista Estudos Históricos, Rio de Janeiro, v. 5, n. 10, p. 200–215, jul. 1992. ISSN 2178-1494.

SALLES, Vicente. **O negro no Pará**. 2. ed. Belém; Brasília: Ministério da Cultura, 1988.

SALLES, Vicente. **O negro na formação da sociedade paraense**. Belém: Paka-Tatu, 2004.

SEN, Amartya. **Desenvolvimento como liberdade**. São Paulo: Companhia das Letras, 2000.

SOUZA, Neusa Santos. **Tornar-se negro**: as vicissitudes da identidade do negro brasileiro em ascensão social. Rio de Janeiro: Graal, 1983.

SOUZA, Silvaney Rubens; ROCHA, Elke (org.). **Caderno de Projetos e Propostas Pedagógicas para a Implementação da Lei 10.639/03**. NEER/SEED, Macapá-AP, 2015.

SILVA, Tomaz Tadeu da (org.). **Identidade e diferença**: a perspectiva dos estudos culturais. Petrópolis: Vozes, 2000.

SILVA, Tomaz Tadeu da. **Documentos de Identidade**: uma introdução às teorias de currículo. 3. ed. Belo Horizonte: Autêntica, 2010.

WALSH, Catherine. Interculturalidade crítica e pedagogia decolonial: insurgir, re-existir e re-viver. *In*: CANDAU, Vera Maria Ferrão (org.). **Educação intercultural na América Latina**: entre concepções, tensões e propostas. Rio de Janeiro: 7 Letras, 2009, p. 12–43.

VIDEIRA, Piedade Lino. **Marabaixo, dança afrodescendente**: significando a identidade étnica do negro amapaense. Fortaleza: Edições UFC, 2009.

CAPÍTULO 7

O NEGRO NA COMUNICAÇÃO: ESTEREÓTIPOS RACISTAS

Jacks de Mello Andrade Júnior
Eugénia da Luz Silva Foster

INTRODUÇÃO

Não é difícil perceber que os estereótipos estão presentes em nossa sociedade e são criados, transformados, reinventados e reforçados cotidianamente. Antes, a literatura e a pintura serviam de canais para difundir essa visão distorcida do "outro" sobre diversos alvos de seus observadores. Hoje, temos na mídia o principal meio de reforço dos mais diversos estereótipos em nossa sociedade. Seja através do cinema, da publicidade ou da imprensa, os estereótipos estão presentes e, discretos ou escancarados, reforçam visões distorcidas e discriminatórias sobre diferentes grupos, comportamentos ou pessoas.

Neste estudo, propomos analisar a relação dos estereótipos com a população negra no Brasil e sua influência na manutenção do racismo em nosso país. O artigo é fruto de pesquisa bibliográfica de natureza exploratória, além de análise de peças publicitárias divulgadas em diferentes veículos, incluindo jornais da época da escravidão legalizada no Brasil, como forma de demonstrar o tratamento do negro como mercadoria, em um processo de desumanização que ainda pode ser constatado nos estereótipos presentes nos anúncios atuais.

ESTEREÓTIPO E RACISMO

Tzvetan Todorov já trazia reflexões importantes acerca dos estereótipos quando tratou da relação entre o povo europeu dominante e os outros povos do mundo em sua obra *Nós e os outros: a reflexão francesa sobre a diversidade humana* (1993). Segundo o autor, o povo europeu dominante considerava "bárbaro" todo aquele que fosse diferente de si. Mesmo autores que se propunham a questionar esse tipo de afirmação acabavam por confirmar essa linha de pensamento. É o exemplo de Le Bruyère, citado por Todorov (1993, p. 26): "Com uma linguagem tão pura, um rebuscamento tão grande em nossos hábitos, costumes tão cultivados, leis tão belas e um rosto branco, somos bárbaros para alguns povos".

Interessante destacar a presença da ideia de superioridade racial já expressa no trecho citado ao enfatizar a pele branca ("rosto branco") como uma qualidade do povo europeu dominante. Outro autor que esclarece a esse respeito é Peter Burke, em seu texto "Estereótipos do Outro" (na obra *Testemunha ocular: história e imagem*, de 2004). Burke explica que grupos confrontados com outras culturas buscam entender o novo a partir da classificação ou comparação baseada no que lhes é comum. Ou seja, o outro passa a ser caracterizado com base nas diferenças e semelhanças com o que lhe é conhecido (Burke, 2004). Nas palavras do autor:

> [...] quando ocorrem encontros entre culturas, é provável que a imagem que cada cultura possui da outra seja estereotipada. A palavra "estereótipo" (originalmente uma placa da qual uma imagem podia ser impressa), como a palavra "clichê" (originalmente o termo francês para a mesma placa), é um sinal claro da ligação entre imagens visuais e mentais. O estereótipo pode não ser completamente falso, mas frequentemente exagera alguns traços da realidade e omite outros. O estereótipo pode ser mais ou menos tosco, mais ou menos violento. Entretanto, necessariamente lhe faltam nuanças, uma vez que o mesmo modelo é aplicado a situações culturais que diferem consideravelmente umas das outras (Burke, 2004, p. 155–156).

Avançando nesse pensamento, Burke (2004, p. 157) explica que a maioria dos estereótipos "era ou é hostil, desdenhosa, ou no mínimo condescendente".

> Talvez seja por essa razão que os estereótipos muitas vezes tomam a forma de inversão da auto-imagem do espectador. Os estereótipos mais grosseiros estão baseados na simples pressuposição de que "nós" somos humanos ou civilizados, ao passo que "eles" são pouco diferentes de animais como cães e porcos, aos quais eles são frequentemente comparados, não apenas em línguas europeias, mas também em árabe ou chinês. Dessa forma, os outros são transformados no "Outro". Eles são transformados em exóticos e distanciados do eu. E podem mesmo ser transformados em monstros (Burke, 2004, p. 157).

A partir dessas reflexões, podemos compreender a visão do europeu sobre os povos africanos e a origem dos estereótipos presentes atualmente com relação ao negro no Brasil. Foster (2015) realiza interessante estudo a esse respeito e resgata relatos de diversos autores sobre o negro:

> A partir dos primeiros contatos com os africanos, os europeus elaboraram suas próprias versões dos bárbaros, dando lugar a inúmeros estereótipos sobre a raça negra, na maioria dos casos ainda presentes na atualidade. A representação do africano, na literatura de viagens, amplamente difundida já na literatura portuguesa do século XIV e dos inícios do século XV, bem como no Ocidente Cristão em geral, é dominada por uma série de estereótipos (Foster, 2015, p. 90).

Ainda segundo a autora, os negros eram sempre retratados com fortes ligações ao demônio, ao diabólico, ao amaldiçoado e à representação do mal. Ela traz relatos de narrativas da época que demonstram esse estereótipo de bestialidade sempre ligado às descrições do negro a partir da observação do europeu e de sua cultura. Carvalho (2000) cita que, em determinados textos, algumas etnias africanas são descritas desta forma:

> Nesta terra há uns homens selvagens que habitam nos montes e arvoredos desta região aos quais chamam os negros do Beni "Òsà" e são muito fortes e são cobertos de seda como porcos. Tudo tem de criatura humana, senão que, em lugar de falar, gritam. E eu ouvi já de noite os gritos deles e tenho üa pele de um destes selvagens (Carvalho, 2000, p. 150 *apud* Foster, 2015, p. 91).

Esses estereótipos contribuíram para justificar a escravidão dos povos negros africanos que, no Brasil, foram vítimas de inúmeras atrocidades durante quase quatro séculos.

O NEGRO COMO MERCADORIA NO BRASIL ESCRAVOCRATA

O comércio de escravos africanos era extremamente lucrativo no Brasil durante o período escravocrata e seu preço era discutido e barganhado como o de qualquer outro produto. Freyre (2012, p. 46 e 49) faz um importante resgate dessa situação ao trazer anúncios publicados em jornais brasileiros do século XIX com a oferta de compra e venda de escravos e recompensa para escravos fugidos.

Figura 1 – Anúncios publicados em jornais brasileiros do século XIX

Compras:

AVISO.

Precise-se comprar uma mulata moça que seja perfeita costureira de agulha e tesoura, paga-se bem agradando as suas qualidades: na rua do Trapiche, Recife, n. 40, se dirá quem a pretende.

Vendas.

ATTENÇÃO.

Vende-se para o mato uma preta da costa de idade de quarenta e tantos annos, muito sadia e bastante robusta, sabe bem lavar e cozinhar o diário de uma casa, vende-se em conta por haver precisão, no beco Largo, n. 2, na mesma casa vende-se uma tartaruga verdadeira.

— Vende-se uma escrava muito moça, bonita figura, sabe cosinhar e engommar e é uma perfeita costureira, propria para qualquer modista: na botica de Joaquim Ignacio Ribeiro Junior, na praça da Boa-Vista.

— Vende-se um bom escravo de meia idade por commodo preço: na rua da Praia n. 47, primeiro andar.

— O agente Borja, em seu armazem na rua do Collegio n. 46, fará leilão de diversos escravos de ambos os sexos, moços, e de meia idade, alguns dos quaes com differentes habilidades; achar-se-hão patentes no referido armazem, no dia do leilão, ao exame dos senhores pretendentes: terça-feira 7 do corrente, às 11 horas da manhãa.

Fugio no dia 4 de outubro de 1857, da chácara n. 5 da rua do Marahy, em S. Christovão no Rio de Janeiro um escravo do senador Alencar, de nome Luiz Telles, pardo escuro; tem 40 annos para cima mal encarado e falta de dentes na frente, tem uma cicatriz na testa, andar apressado e passadas curtas, finge-se ás vezes doudo, tem falta tremula, com visos de estuporado; é muito ladino e astucioso, anda com cartas dizendo que vae com ellas apadrinhado apresentar-se a seu Sr.; incitica-se pedestre algumas vezes. Quem o apprehender, e fizer delle entrega aonde possa ser recolhido á cadeia para ser entregue a seo Sr. receberá 40$rs. de gratificação, alem das despezas; cerá tudo pago a quem nesta Tipographia o apresentar com o competente documento.

— Fugio no dia 2 de julho, do engenho do abaixo assignado, um negro por nome José Calabar, idade 60 annos, alto, cabeça branca, a roda das orelhas pretos, meio cambito das pernas, levou um cavallo rodado, grande, novo, tem o beiço de baixo grande, ripado de novo. Este negro he bem conhecido por ter vido carniceiro nos arrabaldes do Recife, assim como já foi o Manguinho. Foi escravo do Sr. coronel Francisco José da Costa, roga-se a todas as autoridades policiaes e capitães de campo a apprehensão do dito escravo, e o levem a Albino José Ferreira da Cunha, na rua do Queimado, ou neste engenho das Matas.
Antonio de Paula Souza Leão.

Fonte: Freyre (2012, p. 46 e 49)

É importante destacar os traços que evidenciam a desumanização do negro nos anúncios da época. Frases como "Vende-se um bom escravo de meia idade por comodo preço" (Freyre, 2012, p. 46) eram comuns nesse tipo de anúncio em jornais brasileiros. O autor ainda chama atenção para o fato de características ligadas a mutilações e atos de violência física e psicológica contra os negros serem usadas como traços de identificação dos escravos fugidos: "[...] meio cambito das pernas [...]"; "[...] falta de dentes na frente [...]"; "[...] tem falla tremula [...]" (Freyre, 2012, p. 49). Os reflexos dessa privação de humanidade são sentidos até os dias atuais pelos descendentes negros que vivem em nosso país.

O NEGRO NO BRASIL ATUAL

Para entender a situação atual da população negra no Brasil, primeiro é necessário saber como se constituiu sua história no país.Torna-se impossível não mencionar a importância que o negro teve para a sociedade brasileira, não sendo necessária uma observação tão detalhada para ver os traços herdados da população negra. Sabe-se que a vinda dos negros para o país ocorreu em condições desumanas, e que seu papel era atender a todas as atividades do dia a dia, seja nas plantações, nas manufaturas, no comércio ambulante, nas lojas, na criação de gado, nos serviços domésticos, nas oficinas, entre outros (Figueiredo, 2014).

Porém, seus "serviços" deixaram de ter importância, já que não atendiam ao novo sistema econômico, adotado pela Revolução Russa e Revolução Industrial, fato que acarretou a abolição da escravatura, a qual viria mudar estruturalmente a sociedade brasileira.

Os negros, após a abolição, ficaram à margem da sociedade, sendo substituídos pelos imigrantes, que já detinham conhecimentos acerca da maquinofatura na produção agrícola, o que, consequentemente, acarretou a ida dos negros para as áreas urbanas (Figueiredo, 2014), onde, de acordo com Souza (2005), passaram a desempenhar funções subalternas, já que apenas poucos conseguiam educar-se, ascender nos negócios e prosperar.

Na maioria dos casos, os ex-escravizados passaram a habitar áreas urbanas periféricas, em razão de terem sido excluídos geograficamente e expostos ao preconceito racial, o que disseminou os cortiços e as favelas (Figueiredo, 2014), as quais, de acordo com Carril (2006), correspondem ao núcleo habitacional que surgiu desordenadamente, em terreno público, localizado em áreas sem urbanização. De acordo com Figueiredo (2014):

> Como consequência de todo esse processo de escravidão e marginalização pós escravidão, o negro permaneceu na sociedade brasileira por muito tempo ocupando uma situação de risco social e vulnerabilidade diante do intenso preconceito com que foram tratados (Figueiredo, 2014, p. 4).

Apesar disso, ainda hoje é discutido se realmente há ou não discriminação racial no Brasil. Aqueles que admitem sua existência citam os vários casos de atitudes racistas ocorridos cotidianamente em diversos setores da sociedade. Já os que não admitem a existência de discriminação racial no Brasil fundamentam sua posição no fato de que o país abriga um grande número de mestiços e que a verdadeira discriminação considera a classe social do indivíduo, e não a cor de sua pele (Lobo, 2008).

A simples existência dessa dúvida, apesar dos diversos estudos e pesquisas que demonstram a vulnerabilidade socioeconômica do negro no Brasil, aponta para o perigo dessa situação, conforme explica a procuradora de Justiça e representante do Conselho Nacional do Ministério Público Maria Bernadete Figueroa: "o racismo é um grande desconhecido do povo brasileiro e das instituições deste país. As pessoas não conhecem o conceito e, por isso, acham que ele nem existe" (Pnud, 2015). Ainda segundo Figueroa, conhecer e admitir a existência da discriminação racial é fundamental para identificar os mecanismos institucionais que determinam a reprodução do racismo no Brasil.

A discriminação racial, de acordo com a Convenção Internacional para Eliminação de todas as Formas de Discriminação Racial da Organização das Nações Unidas (ONU), que foi adotada pelo Brasil através do Decreto n.º 65.810, de 8 de dezembro de 1969, é definida, em seu artigo 1º, item 1, como:

> [...] qualquer distinção, exclusão, restrição ou preferência baseadas em raça, cor, descendência ou origem nacional ou étnica que tem por objetivo ou efeito anular ou restringir o reconhecimento, gozo ou exercício num mesmo plano, (em igualdade de condição), de direitos humanos e liberdades fundamentais no domínio político econômico, social, cultural ou em qualquer outro domínio de vida pública. (Brasil, 1969).

É importante citar que houve significativos avanços legais conquistados no Brasil, como a Lei n.º 12.288, de 20 de julho de 2010, que institui o Estatuto da Igualdade Racial, destinado a "garantir à população negra a efetivação da igualdade de oportunidades, a defesa dos direitos étnicos individuais, coletivos e difusos e o combate à discriminação e às demais formas de intolerância étnica" (Brasil, 2010); a Lei n.º 11.645, de 10 de março de 2008, que inclui "no currículo oficial da rede de ensino a obrigatoriedade da temática 'História e Cultura Afro-Brasileira e Indígena'" (Brasil, 2008); e a Lei n.º 12.711, de 29 de agosto de 2012, que dispõe sobre o ingresso em universidades e instituições federais e determina, em seu artigo 3º, que:

> Em cada instituição federal de ensino superior, as vagas de que trata o art. 1º desta Lei serão preenchidas, por curso e turno, por autodeclarados pretos, pardos e indígenas, em proporção no mínimo igual à de pretos, pardos e indígenas na população da unidade da Federação onde está instalada a instituição, segundo o último censo do Instituto Brasileiro de Geografia e Estatística — IBGE (Brasil, 2012).

Porém, apesar dos avanços na legislação, a realidade da população negra no Brasil ainda é outra. De acordo com pesquisa realizada pelo IBGE (2015), mesmo os negros sendo a maioria da população brasileira, ao analisarmos a parcela da população mais rica do país, somente uma pequena fatia, de 17,4%, é composta por negros, enquanto 79,6% dos mais ricos do Brasil são brancos. Mas quando a pesquisa analisa a parcela mais pobre da população brasileira, formada pelos 10% da população total cuja renda média é de até R$ 130,00 por pessoa da família, os negros são maioria, com 76% entre os mais pobres do país.

Essa condição socioeconômica é explicada pela desigualdade de condições sociais apresentadas entre brancos e negros no Brasil, sobretudo quanto ao acesso à educação e ao mercado formal de trabalho.

Segundo o IBGE (2015b), na publicação "Síntese de indicadores sociais: uma análise das condições de vida da população brasileira 2015", somente 52,6% da população negra com idade entre 20 a 22 anos conseguiram concluir o ensino médio em 2014, contra 71,7% de brancos. No mesmo ano, entre os negros com idade de 18 a 24 anos, apenas 45,5% estavam cursando o ensino superior, contra 71,4% de brancos na mesma idade. Importante ressaltar que, apesar do baixo número de negros no ensino superior nessa faixa etária em 2014, houve um avanço significativo na última década, quando esse percentual era de 16,7% no ano de 2004 (IBGE, 2015b).

Acompanhando esses números, a discriminação racial também se apresenta no mercado de trabalho, onde o negro é maioria na atuação informal (IBGE, 2015b). A lacuna entre os percentuais de trabalhadores no mercado informal entre brancos e negros praticamente não se alterou nos últimos dez anos. Em 2004, o percentual de brancos em trabalhos informais era 47,0%, enquanto entre negros o percentual era 62,7%. Em 2014, esses percentuais reduziram em 11,7 e 14,3 pontos percentuais, respectivamente; mas revelam que uma parcela expressiva da população negra (48,4%) ainda precisa buscar o mercado informal de trabalho para se sustentar (IBGE, 2015b).

De acordo com Schwarcz (*apud* Lobo, 2008, p. 3), é preciso atentar para a forma como a discriminação racial é apresentada em nosso país:

> [...] ninguém nega que exista racismo no Brasil, mas sua prática é sempre atribuída a 'outro'. Seja da parte que age de maneira preconceituosa, seja daquela de quem sofre com o preconceito, o difícil é admitir a discriminação e não o ato de discriminar. Além disso, o problema parece ser o de afirmar oficialmente o preconceito e não o de reconhecê-lo na intimidade. [...] Com efeito, em uma sociedade marcada historicamente pela desigualdade, pelo paternalismo das relações e pelo clientelismo, o racismo só se afirma na intimidade. [...] 'Preto rico no Brasil é branco, assim como branco pobre é preto', diz o dito popular. Não se 'preconceitua' um vereador negro, a menos que não se saiba que é um vereador; só se discrimina um estrangeiro igualmente negro enquanto sua condição estiver pouco especificada.

Nesse sentido, Fanon (2008) já alertava em sua obra *Pele negra, máscaras brancas*, escrita originalmente nos anos 1940 e publicada em 1952, que o negro é vítima de uma ideologia que ignora sua cor e quer forçá-lo a buscar sua realização enquanto humano somente dentro de um mundo branco. Ao ignorar sua cor, a sociedade dominante passa a negar o próprio racismo, dando espaço a práticas discriminatórias veladas, como vemos atualmente no Brasil. Segundo o autor, não existe comparação entre tipos de racismo, ações mais racistas ou menos racistas. Existe o racismo ou não existe. E, enquanto essa evidência não for compreendida, o racismo velado ainda causará muitos problemas.

A MÍDIA E O REFORÇO DOS ESTEREÓTIPOS SOBRE O NEGRO

Como constata D'Adesky (2001),

> A mídia não somente atualiza a distância que separava, na escravidão, a elite do povo, mas nega, com seu exclusivismo, as identidades culturais afro-brasileira e indígena, as quais não têm acesso, em pé de igualdade, às programações televisiva e radiofônica (D'Adesky, 2001, p. 93–94).

Uma rápida pesquisa nos conteúdos divulgados pela mídia em anos recentes pode demonstrar, de maneira direta, o reforço dos mais diversos estereótipos atribuídos ao negro pela sociedade. Pela limitação imposta devido à natureza deste trabalho, trazemos somente alguns exemplos para comprovação e análise do argumento, enfatizando que há um vasto conjunto de casos atuais que manifestam estereótipos raciais em suas produções midiáticas e, infelizmente, não houve qualquer dificuldade em encontrar os casos expostos e analisados neste trabalho.

Figura 2 – Tirinha que traz diversos estereótipos nas relações de trabalho entre negros e brancos

Fonte: https://lolcos.files.wordpress.com/2008/09/empregadaxpatroa.jpg

A tirinha é um gênero textual do tipo opinativo, originado nos Estados Unidos, com objetivo de transmitir a opinião do autor sobre determinado assunto. Geralmente discute, de forma satírica, temas ligados ao cotidiano e ao comportamento das pessoas na sociedade (Melo, 2003).

Sobre o exemplo trazido neste trabalho, antes de tudo é preciso relatar o choque ao pesquisar o termo "patroa X empregada" no mecanismo de buscas Google. Ao clicar sobre a opção de pesquisa "Imagens", o que recebemos é uma série de fotografias e ilustrações com mulheres nuas, caracterizadas como empregadas domésticas, em cenas de sexo com patrões e patroas. Isso, por si só, já demonstra a visão de objeto sexual atribuída à empregada doméstica no Brasil. E essa é a primeira análise que pode ser feita sobre a tirinha em questão.

A ilustração mostra uma cena que envolve duas classes sociais claramente expostas: patrões e empregados. A empregada doméstica tem características sexuais claramente definidas e evidenciadas no diálogo proposto. A primeira suspeita é que a empregada manteria relações sexuais com o patrão, chefe da família atendida. Esse é o estereótipo principal atribuído à empregada doméstica no Brasil, de atender não só às necessidades de trabalho braçal da casa, mas também às necessidades sexuais do patrão.

Seguindo o diálogo, percebe-se que um segundo empregado da família, o motorista, é quem servia às necessidades sexuais da patroa, mantendo a subjugação sexual dos empregados domésticos com relação aos patrões, mesmo que, no caso em questão, fuja do padrão machista observado na grande maioria dos casos.

Outro ponto evidenciado na tirinha, e motivo principal de discussão deste artigo, é a cor de pele dos personagens envolvidos. Em uma divisão clara de classes sociais, tem-se os patrões como brancos e a empregada doméstica como negra. Apesar de refletir uma realidade social do negro no Brasil, cujas razões já foram expostas anteriormente neste texto, a imagem reforça um estereótipo de dominação social do negro pelo branco. Além disso, reproduz relações sociais escravocratas, que se encontram presentes até os dias atuais.

Figura 3 – Publicidade da cerveja Devassa Negra reforça o estereótipo de objeto sexual atribuído à mulher negra no Brasil

Fonte: Libence, 2013

A peça de publicidade divulgada pela marca de cerveja Devassa reforça o estereótipo sexual atribuído à mulher negra no Brasil. A pesquisadora Sonia Maria Giacomini (1988) explica que a exploração sexual do corpo da mulher negra é prática comum na lógica da escravidão. Segundo a autora, o destaque aos atributos físicos e sexuais das negras parecia funcionar como uma justificativa para os diversos ataques sexuais e estupros que eram praticados contra as escravas por seus senhores brancos.

A publicidade aqui apresentada reforça a presença desses estereótipos sexuais atribuídos à mulher negra desde a escravidão, demonstrando sua presença na sociedade brasileira até hoje. Nesse sentido, Allgayer (2005) conclui:

> A desinibição de negras e mulatas consagradas na literatura brasileira como amantes de sangue quente, foi um papel que a própria sociedade escravista criou, para justificar a utilização da mulher negra como fonte de prazer. Via de regra, as negras eram forçadas a deitar nas redes com os amos, e depois sofriam com a vingança das suas Senhoras (Allgayer, 2005, p. 132).

Figura 4 – Peça publicitária da marca Bom Bril faz clara alusão ao cabelo crespo da mulher negra com o material de seu produto

Fonte: Libence, 2013

Essa peça de publicidade reforça o estereótipo de "cabelo ruim" atribuído às mulheres negras em comparação ao modelo europeu de pele branca e cabelos lisos. Não bastasse o reforço desse estereótipo, a marca ainda aproveita a agressão popularmente utilizada no Brasil para ofender os negros ("cabelo de Bom Bril") de forma direta, quando utiliza a silhueta estilizada de uma mulher negra como centro de seu anúncio. Mesmo negando a intencionalidade dos estereótipos sustentados pela publicidade, a empresa retirou a peça de circulação.

Figura 5 – Peça publicitária da marca Dove. Na imagem, os quadros "antes" (before) e "depois" (after) são mostrados junto a uma sequência de branqueamento de raças

Fonte: Libence, 2013

Apesar de não ter chegado a ser veiculada no Brasil, essa peça de publicidade é importante para a discussão que propomos neste artigo. Nela, a empresa anuncia seus produtos de beleza para pele, com uso durante o banho. O texto, em inglês, promete melhorar a aparência da pele, deixando-a visivelmente mais bonita em apenas uma semana.

O texto não traria nenhum estereótipo à população negra se viesse associado a outra imagem. A questão desse anúncio é justamente a fotografia utilizada junto ao texto. Na imagem, os quadros "antes" (*before*) e "depois" (*after*) são mostrados junto a uma sequência de branqueamento de raças.

Apesar de a empresa negar essa intenção, o conjunto de texto e imagem deixa claro o processo de embelezamento da pele associado ao seu branqueamento. Com a imagem de uma mulher negra iniciando o processo logo abaixo da palavra "antes" (*before*, no texto original em inglês), passando por uma mulher latina de cabelos lisos no centro, até chegar à imagem de uma mulher branca, com cabelos lisos e loiros abaixo da palavra "depois" (*after*, no texto original em inglês), o anúncio sugere os processos de evolução do embelezamento a partir do uso de seu produto.

Figura 6 – Exemplo de "humor" em épocas diferentes demonstra como os estereótipos do negro estão presentes na história e são reforçados na atualidade

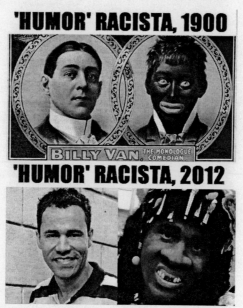

Fonte: Libence, 2013

Conforme aponta Libence (2013), essa imagem exibe o personagem *Billy Van*, interpretado pelo "humorista" William H. West (1853–1902). O ator era um ícone norte-americano que representava o *blackface* (prática que ficou comum ao pintar a face de atores brancos para que eles pudessem interpretar personagens negros, geralmente trazendo estereótipos e comportamentos humilhantes com intuito de provocar riso nos espectadores) nos espetáculos de *Minstrel Show* no início dos anos 1900 nos EUA.

Como explica a autora,

> Minstrel Show era um espetáculo realizado por companhias de teatro compostas exclusivamente por atores brancos que pintavam suas faces de preto e faziam todo tipo de deboche no palco para configurar a imagem do negro na sociedade americana (Libence, 2013, s/p).

Logo abaixo, a imagem traz a foto do ator e "humorista" brasileiro Rodrigo Sant'anna, que representava a personagem "Adelaide" no programa humorístico de televisão "Zorra Total" no ano de 2012. A personagem negra, seguindo a prática norte-americana do *blackface*, tenta mostrar uma mulher negra, pobre, que fala errado, pede esmolas, e tem sua aparência descabelada, desdentada e suja.

Mais de um século após a encenação trazida na primeira imagem, a sociedade branca ainda reforça estereótipos que desqualificam, subjugam e humilham o negro no Brasil sob as mais diversas tentativas de justificação, como, nesse caso, arte, cultura e humor. Pergunto ao leitor: Pode haver arte, cultura e humor no racismo?

Pierre Bourdieu, em seu livro *O poder simbólico* (1989), já alertava para a importância de a sociedade reconhecer o poder nas suas diversas formas, sobretudo nos lugares onde ele mais se esconde, como é o caso do poder simbólico. Bourdieu afirma que esse poder invisível só pode ser exercido se contar com a cumplicidade daqueles que não querem saber sobre quem ele se apresenta ou quem o exerce. Daí a necessidade de analisarmos as diferentes formas utilizadas pela mídia para a manutenção dos estereótipos que reforçam a violência social e racial sobre os negros até os dias atuais. De acordo com Bourdieu (1989):

> As ideologias, por oposição ao mito, produto colectivo e colectivamente apropriado, servem interesses particulares que tendem a apresentar como interesses universais, comuns ao conjunto do grupo. A cultura dominante contribui para

> a integração real da classe dominante (assegurando uma comunicação imediata entre todos os seus membros e distinguindo-os das outras classes); para a integração fictícia da sociedade no seu conjunto, portanto, à desmobilização (falsa consciência) das classes dominadas; para a legitimação da ordem estabelecida por meio do estabelecimento das distinções (hierarquias) e para a legitimação dessas distinções. Este efeito ideológico, produ-lo a cultura dominante dissimulando a função de divisão na função de comunicação: a cultura que une (intermediário de comunicação) é também a cultura que separa (instrumento de distinção) e que legitima as distinções compelindo todas as culturas (designadas como subculturas) a definirem-se pela sua distância em relação à cultura dominante (Bourdieu, 1989, p. 10–11).

Assim, temos evidente a forma de ação dos meios de comunicação no exercício do poder simbólico para a manutenção das classes dominantes e dominadas na sociedade.

CONSIDERAÇÕES FINAIS

Com as informações trazidas neste trabalho, é importante observar que os estereótipos reforçam o racismo no Brasil e acabam por interferir na construção da própria identidade racial dos grupos na sociedade. É imperioso que os profissionais que atuam nos meios de comunicação de massa tomem consciência de sua influência social e deixem de reforçar os diversos estereótipos que contribuem para a discriminação racial no país.

Com a proposta de mudar esse cenário, é importante trazer o que o sociólogo Manoel de Almeida Cruz (*apud* Domingues, 2009, p. 985) lançou, de forma pioneira, como base para uma "pedagogia interétnica", resposta científica em nível teórico e metodológico na luta contra o racismo, objetivando a "[...] modificação de atitudes racistas através do processo educacional (escola, família, comunidade e meios de comunicação social)", uma vez que o preconceito racial é transmitido por esses referidos processos e só através destes é que se pode transformar esse quadro.

Nesse sentido, um esforço conjunto de conscientização social tendo como aliados os veículos midiáticos de todo o país pode ser o caminho para que a democracia racial deixe de ser um mito no Brasil e possa se tornar a realidade tão almejada pelos povos, sobretudo os negros, que sofrem até hoje com a herança da escravidão.

REFERÊNCIAS

ALLGAYER, Eni. **Escravidão**: negros & índios — realidade, histórias e mitos. Porto Alegre: Rígel, 2005.

BOURDIEU, Pierre. **O poder simbólico**. Tradução de Fernando Tomaz. Rio de Janeiro: Bertrand Brasil, 1989.

BRASIL. **Decreto nº 65.810, de 8 de dezembro de 1969**. Promulga a Convenção Internacional sobre a Eliminação de todas as Formas de Discriminação Racial. Brasília, DF, 1969.

BRASIL. **Constituição (1988)**. Constituição da República Federativa do Brasil. Brasília, DF, 1988.

BRASIL. **Lei nº 11.645, de 10 de março de 2008**. Altera a Lei n.º 9.394, de 20 de dezembro de 1996, que estabelece as diretrizes e bases da educação nacional, para incluir no currículo oficial da rede de ensino a obrigatoriedade da temática "História e Cultura Afro-Brasileira e Indígena". Brasília, DF, 2008.

BRASIL. **Lei nº 12.288, de 20 de julho de 2010**. Institui o Estatuto da Igualdade Racial. Brasília, DF, 2010.

BRASIL. **Lei nº 12.711, de 29 de agosto de 2012**. Dispõe sobre o ingresso nas universidades federais e nas instituições federais de ensino técnico de nível médio e dá outras providências. Brasília, DF, 2012.

BURKE, Peter. Estereótipos do Outro. *In*: BURKE, Peter. **Testemunha ocular**: história e imagem. Tradução de Vera Maria Xavier dos Santos. Bauru, SP: EDUSC, 2004. (Coleção História)

CARRIL, Lourdes. **Quilombo, favela e periferia**: a longa busca da cidadania. São Paulo: Annablume, 2006.

D'ADESKY, Jacques Edgard François. **Pluralismo étnico e multi-culturalismo**: racismos e anti-racismos no Brasil. Rio de Janeiro: Pallas, 2001.

DOMINGUES, Petrônio. O recinto do sagrado: educação e antirracismo no Brasil. **Cadernos de Pesquisa**, v. 39, n. 138, p. 963–994, set./dez. 2009.

FANON, Frantz. **Pele negra, máscaras brancas**. Tradução de Renato da Silveira. Salvador: EDUFBA, 2008.

FIGUEREDO, Dhione Andrade. **Espaços Negros Urbanos**: Segregação e Preconceito nas cidades brasileiras. VII Congresso Brasileiro de Geógrafos. **Anais** [...]. Vitória/ES, 2014.

FOSTER, Eugénia da Luz Silva. **Garimpando pistas para desmontar racismos e potencializar movimentos instituintes na escola.** 1. ed. Curitiba: Appris, 2015.

FREYRE, Gilberto. **O escravo nos anúncios de jornais brasileiros do século XIX.** 1. ed. digital. São Paulo: Global Editora, 2012.

GIACOMINI, Sonia Maria. **Mulher e escrava**: uma introdução histórica ao estudo da mulher negra no Brasil. Petrópolis: Vozes, 1988.

IBGE. **Censo Demográfico 2010**. Disponível em: http://www.ibge.gov.br. Acesso em: 10 set. 2016.

IBGE. **Pesquisa Nacional por Amostra de Domicílios 2014**. Rio de Janeiro, IBGE, 2015.

IBGE. **Síntese de indicadores sociais**: uma análise das condições de vida da população brasileira 2015. Rio de Janeiro, IBGE, 2015b.

LIBENCE, Paula. **A representação social da mulher negra nos programas de TV**: do estereótipo à sexualização. Disponível em: https://escrevivencia.wordpress.com/2013/11/22/a-representacao-social-da-mulher-negra-nos-programas-de-tv-do-estereotipo-a-sexualizacao/. Acesso em: 10 nov. 2016.

LOBO, Bárbara Natália Lages. **A discriminação racial no Brasil**: verdades e mitos. *In*: V Seminário Sociedade Inclusiva, Diversidade e Sustentabilidade. Belo Horizonte, out. 2008. Disponível em: proex.pucminas.br/sociedadeinclusiva/. Acesso em: 12 jan. 2016.

MARIN, Rosa Elisabeth Acevedo; GOMES, Flávio. Reconfigurações Coloniais: tráfico de indígenas, fugitivos, e fronteiras no Grão-Pará e Guiana Francesa (Séculos XVII e XVIII). **Revista de História**, v. 149, n. 2, p. 69–107, 2003.

MELO, José Marques de. **Jornalismo opinativo**: gêneros opinativos no jornalismo brasileiro. 3. ed. Campos do Jordão: Mantiqueira, 2003.

OIT. Organização Internacional do Trabalho. **Trabalho escravo no Brasil do século XXI**. 2006. Disponível em: http://www.oitbrasil.org.br/sites/default/files/topic/forced_labour/pub/trabalho_escravo_no_brasil_do_%20seculo_%20xxi_315.pdf. Acesso em: 25 jan. 2017.

PNUD. Programa das Nações Unidas para o Desenvolvimento. **Seminário discute racismo institucional e busca sensibilizar sociedade para o enfrentamento do problema**. Publicado em 14 de maio de 2015. Disponível em: http://www.pnud.org.br/Noticia.aspx?id=4071. Acesso em: 12 jan. 2016.

SANTOS, Sales Augusto dos. **Ação afirmativa ou a utopia possível**: o perfil dos professores e dos pós-graduandos e a opinião destes sobre ações afirmativas. Brasília: ANPEd / 2° Concurso Negro e Educação, mimeo, 2002.

TODOROV, Tzvetan. **Nós e os outros**: a reflexão francesa sobre a diversidade humana. Tradução de Sérgio Goes de Paula. Rio de Janeiro: Jorge Zahar Ed., 1993.

CAPÍTULO 8

RESISTÊNCIAS RELIGIOSAS AFRO-BRASILEIRAS: O CASO DO *ILÉ ASÉ NI BABA KIJÁ* EM ANANINDEUA (PA)

Vaniely Corrêa Barbosa
Eugénia da Luz Silva Foster

INTRODUÇÃO

Este texto é resultado de diálogos construídos no curso de doutorado em Educação na Amazônia (Pgeda) da Universidade Federal do Pará (UFPA). Os diálogos foram realizados a partir de reflexões das disciplinas Ateliê de Pesquisa e Vivência de Pesquisa, concomitantemente a discussões do Grupo de Pesquisa Educação, Interculturalidade e Relações Étnico-Raciais (Unifap/CNPq) da Universidade Federal do Amapá (Unifap).

Propõe-se visitar um Terreiro de Candomblé e Umbanda denominado *ILÉ ASÉ NI BABA KIJÁ*, com o objetivo de elencar as práticas de resistências religiosas afro-brasileiras no contexto Amazônico, mas especificamente no Pará, na cidade de Ananindeua. Segundo Sodré (2009), os Terreiros são santuários naturais, conhecidos como um espaço mágico-religioso, onde se organizam, simbolicamente, as divindades do universo afro-brasileiro.

O trabalho instiga o combate à invisibilização e à ideia de passividade mórbida dos negros, construída durante seis séculos desde a invasão colonial em 22 de abril de 1500 e o início do tráfico negreiro em 1538. Instiga o combate ao preconceito, ainda existente nos dias atuais, e a valorização da história e cultura afro-brasileira.

Nesse sentido, o presente trabalho tem por objetivo compreender a trajetória histórica dos negros no Brasil, assim como sua contribuição para a cultura brasileira, culminando em suas manifestações religiosas, como resultados de resistências contra sua desqualificação e desmonte cultural ao longo do processo histórico.

Em uma região como a Amazônia Brasileira é essencial o entendimento de nossas ancestralidades, e o reconhecimento das lutas de um povo escravizado pela manutenção de sua dignidade, respeito e tolerância religiosa.

A síntese contendo os dados bibliográficos e empíricos revelados pela pesquisa está organizada em quatro seções, além da introdução e considerações finais. Na primeira seção apresenta-se o método de pesquisa. Na segunda seção discorre-se sobre a trajetória histórica dos negros no Brasil. Na terceira seção traz-se uma contextualização sobre a contribuição do negro para a cultura brasileira. Na quarta seção, apresentam-se os resultados e discussão da pesquisa. Por último, as considerações finais.

MÉTODO

A metodologia é o caminho do pensamento e a prática exercida na abordagem da realidade. Sendo assim, esta pesquisa compreende um caminho e uma prática caracterizados como qualitativos, cujo método utilizado é o estudo de campo, no Terreiro *ILÉ ASÉ NI BABA KIJÁ* em Ananindeua, Pará, onde se realizou a coleta de dados a partir de entrevista semiestruturada com o senhor Wando Oliva, líder religioso, juntamente com registros fotográficos. Concomitantemente a isso, foi efetuado o levantamento bibliográfico, de forma a contribuir para o alcance do objetivo do trabalho.

Para Minayo (2001), a pesquisa qualitativa contempla assuntos particulares. Ela atenta a um grau de autenticidade que não pode ser quantificado, ou seja, ela lida com o universo de significados, motivos, aspirações, crenças, valores e atitudes, o que representa um eixo mais profundo das relações, dos processos e dos fenômenos que não podem ser circunscritos à operacionalização de variáveis.

Destaca-se que a pesquisa seguiu todos os procedimentos éticos envolvendo seres humanos, conforme postula a Resolução n.º 466/2012 do Conselho Nacional de Saúde e Resolução n.º 510/2016 — Pesquisas nas áreas de Ciências Humanas e Sociais Aplicadas. Vale ressaltar ainda que o colaborador desta pesquisa autorizou o uso de seu nome próprio como forma de identificar sua religiosidade e dar voz às formas de resistência contra as religiões de matriz africana.

A TRAJETÓRIA HISTÓRICA DOS NEGROS NO BRASIL

A trajetória histórica dos negros no Brasil inicia-se no período colonial, quando os portugueses decidiram escravizar os negros sequestrados da África, devido à escassez de mão de obra. Nesse período, os negros, além de serem tratados como mercadorias, ainda eram marginalizados diante de uma suposta ideia de superioridade branca, imposta antes e depois da abolição da escravatura. Portanto, estamos falando de populações que foram deportadas pela força e reduzidas à condição de prisioneiros, durante 388 anos.

Nessa época, os portugueses eram pioneiros em viagens marítimas, cujo principal objetivo era explorar o oceano Atlântico, em busca de desenvolvimento comercial e riqueza, período esse denominado de grandes navegações. Sendo assim, foi durante uma de suas expedições das grandes navegações, no século XV, que os portugueses chegaram ao Brasil, e passaram então a levar aproximadamente 18 milhões de negros escravizados, a partir da exploração da costa africana, para o Brasil, inaugurando o tráfico negreiro, em 1538.

De acordo com Pereira (2015), o processo de escravização de africanos era apoiado e promulgado pela Igreja, por meio da figura do papa Nicolau V, que autorizou a captura, o batismo e a integração dos negros na sociedade branca europeia, como mão de obra. Vale ressaltar que, além de serem obrigados a trabalhar nas plantações de açúcar, ainda sofriam com punições caso não o fizessem, tais como torturas e castigos.

Dessa maneira, a violência foi uma das características mais marcantes nesse sistema, devido à dominação dos senhores sobre seus escravos, como uma tentativa de controlar suas ações; práticas injustas, que na verdade só traziam descontentamento e revolta.

Segundo Santos (2013), os castigos corporais eram comuns e permitidos por lei; estes eram realizados por etapas, seguindo as normativas de um regimento escrito em 1633, o código legal português, denominado "Ordenações Filipinas", mais especificamente em seu Livro V. De acordo com o regimento, os escravos primeiramente deveriam ser bem açoitados e, logo depois, cortados com navalha ou faca, em seguida os escravos tinham que tomar uma mistura de urina, sal e limão e ficar presos por alguns dias na corrente. Para além disso, existiam também as mutilações e queimaduras.

Ressalta-se que a tortura foi legal no Brasil até o ano de 1888, período da abolição da escravatura, por meio da Lei Áurea, assinada pela princesa Isabel, uma lei de apenas dois artigos, sucintos e diretos, que determinou o fim da escravidão dos negros no Brasil. Com o fim da escravidão, veio a quebra de uma representação social, pois com ela mudaram-se os modos de produção, de política e de economia. Porém, a conjuntura social e econômica dos ex-escravizados não teve prosperidade, já que eles não tinham uma profissão estabelecida e uma formação escolar consolidada, o que dificultou seu progresso social, mesmo tendo em mãos sua emancipação jurídica. Todavia, mesmo nessas condições, os africanos constituíram a civilização brasileira, com o seu trabalho, povoamento do país e cultura, como será verificado no próximo tópico deste trabalho.

A CONTRIBUIÇÃO DO NEGRO PARA A CULTURA BRASILEIRA

Apesar da tentativa de desqualificação e desmonte da história e cultura dos negros, forçando-os a falar o português, a cultuar a religião cristã católica e proibindo-os de realizarem seus rituais africanos, houve e ainda há muitas resistências, que contribuíram para a solidificação de suas manifestações culturais, que são: a língua, a culinária, as danças e algumas religiões.

Dessa maneira, essas manifestações acabaram sendo integradas na cultura brasileira em vários aspectos, desde as artes até a economia, comprovando que o patrimônio africano trazido para o Brasil é enorme. Porém, segundo Santos (2016), somente a partir do século XX as manifestações, rituais e costumes de origens africanas começaram a ser aceitas como expressões nacionais.

Quanto à importância da língua, Santos (2016) salienta uma quantidade abundante de palavras que foram adicionadas ao nosso léxico, discussão valiosa para a superação de interpretações que limitam a identidade negra a temas relacionados à cor da pele. Trata-se de um retorno às origens, que perpassa pela tradição oral e escrita, valorizando e conservando as tradições daqueles que aqui chegaram e lutaram pela liberdade. Tem-se como exemplos as palavras: "dengo", que significa meiguice; "cafuné", que significa acariciar a cabeça de alguém; "caçula", que representa o último da família ou o mais novo; e "moleque", filho pequeno ou garoto.

Em relação à culinária, é importante lembrar que os escravos não tinham uma alimentação adequada e generosa. Se alimentavam dos restos que os seus senhores lhes dispunham. Os ingredientes considerados de qualidade, com o preparo mais elaborado e servidos à mesa, davam-se na casa-grande, local onde habitavam os proprietários das terras e suas famílias. O que lhes restavam eram os tachos de ferro, na senzala, galpões destinados à moradia dos escravos; porém, mesmo em condições precárias, os escravos carregavam na memória os usos e os gostos de sua terra. Era aí que estava o segredo.

Então, a cozinha de origem africana no Brasil acabou tendo o seu destaque e se caracterizando como adaptativa, criativa e legitimadora de muitos produtos africanos e não africanos. Destaca-se nesse contexto o acarajé, nome originado na língua iorubá, um dos maiores grupos étnico-linguísticos da África Ocidental, onde "acará" significa bola de fogo e "jé" significa comer, que de acordo com o Instituto do Patrimônio Histórico e Artístico Nacional (Iphan) (2021) se tornou tão importante que foi transformado em patrimônio nacional.

As danças também se destacam como herança, advindas das tradições afro-brasileiras. Tem-se como exemplos de danças trazidas pelos escravos no período colonial a capoeira e o maracatu. Uma das características marcantes das danças africanas é a forma como os grupos se organizam, comumente formam círculos, fileiras ou semicírculos, acompanhados de instrumentos de percussão.

Vieira (2004) destaca que a capoeira é uma das manifestações culturais mais importantes do Brasil, baseada em um diálogo corporal, entre jogos de braço, cabeça e pernas. O autor afirma ainda que, por ser temida como uma arma de rua, no ano de 1890 a capoeira foi incluída no Código Penal da República como contravenção, inclusão que permaneceu por cinquenta anos, e só a partir de então passou a ser considerada como uma prática esportiva.

Em relação ao maracatu, este surgiu no século XVIII em Pernambuco, envolvendo figurinos extravagantes, que remetem à cultura africana, indígena e portuguesa. Segundo Julio (2021), existem dois tipos de maracatu, a saber: Maracatu de Baque Virado ou Maracatu Nação, e Maracatu Rural ou Baque Solto. A autora ressalta que o Maracatu de Baque Virado é uma reinvenção das festas de coroação de reis negros, e que o Maracatu Rural se diferencia pelas características musicais, organização, personagens e ritmos.

As danças estão muito conectadas com as religiões, pois eram praticadas em Terreiros e representavam características de cada Orixá. Diante desse contexto, o foco deste estudo estará direcionado para as manifestações religiosas, tais como o Candomblé e a Umbanda, que serão explanados no tópico a seguir.

RESULTADOS E DISCUSSÃO

Apresentando-lhes o Candomblé e a Umbanda

Cruz (1994) explica que a palavra "Candomblé" origina-se de "candombe", que significa negro, em banto, língua de origem nigero-congolesa, e "ilê", que significa casa e/ou mundo, em iorubá, grupo étnico-linguístico do sudoeste da Nigéria e sul do Benin, países localizados na África; portanto, Candomblé significa "Casa de Negro".

De acordo com Cruz (1994), na referida religião cultua-se como ser superior o *Olorum*, que significa Senhor do Céu, ou *Olodumaré*, que significa onipotente e eterno, uma divindade suprema que não tem representação material. Segundo a autora, os devotos do Candomblé acreditam que o *Olorum* criou o mundo em quatro dias, e fez uma aliança com os seres humanos representada pelo arco-íris; após esse fato, eles acreditam que o *Olorum* se recolheu para descansar, transferindo a solução dos problemas do mundo aos *Orixás*. Cruz (1994) destaca que:

> Os orixás, divindades intermediárias, juntos com Olorum, proporcionam apoio espiritual ao fiel, ao povo de santo. Os orixás governam o mundo, a humanidade, e o ser humano. Mas também são parte deste mundo, enquanto elementos da natureza; parte da humanidade, enquanto antepassados míticos; e parte do ser humano, enquanto componentes de sua personalidade (Cruz, 1994, p. 129).

Mesmo após o fim oficial do escravismo, as religiões afro-brasileiras foram relegadas à clandestinidade, sendo objeto de repressões policiais sistemáticas ao longo da primeira metade do século XX. Foi nesse contexto de tentativa de desconstrução da memória africana que nasceu a Umbanda, como resultado das transformações das crenças e costumes, em busca da luta pela sobrevivência. Souza (2014) expõe que a Umbanda é um ritual que se aproxima do Candomblé; porém, além dos ritos que cultuam os orixás, a Umbanda incorpora elementos espíritas/kardecistas e católicos.

As práticas religiosas, de acordo com a autora, se iniciaram em 1908, no Rio de Janeiro, quando o médium Zélio de Moraes foi incorporado pelo Caboclo das Sete Encruzilhadas, declarando que os espíritos dos negros escravizados e dos indígenas necessitavam de um culto e de uma localidade para trabalhar, propagar experiências e auxiliar o próximo.

O Caboclo das Sete Encruzilhadas então propôs que os rituais fossem realizados na casa de Zélio, e para além disso regulamentou que a maior particularidade do culto seria a caridade. Definiu também que o culto teria como base o Evangelho Cristão e como mestre maior Jesus. Estabeleceu que os trajes vestidos pelos médiuns seriam obrigatoriamente brancos e que toda a assistência dada aos fiéis seria gratuita.

Segundo Souza (2014), a Umbanda é a religião dos Caboclos, Pretos Velhos, Exus e Crianças, que dispõem de um mesmo objetivo religioso, de levar subsídios físicos e espirituais aos seguidores que os buscam. Souza explica (2014) que essas entidades são deuses africanos do Candomblé e espíritos dos mortos espíritas/kardecistas que dão consulta.

Ainda, a autora ressalta que os Caboclos são representados pelos espíritos das primeiras civilizações que viveram durante o Brasil colonial; os Pretos Velhos seriam os espíritos de ex-escravizados africanos nos anos de escravatura, especialmente após a abolição; os Exus são personagens metafóricos da Umbanda, comumente correlacionados à face do mal; e as Crianças configuram-se como personagens infantis, que iluminam a história e concebem o presente. No tópico a seguir será verificado como essas crenças se dão na prática dentro de um Terreiro.

A resistência religiosa no Terreiro *ILÉ ASÉ NI BABA KIJÁ*

O Terreiro *ILÉ ASÉ NI BABA KIJÁ* está localizado na Rua Laranjeira, n.º 47, no Bairro Icuí-Guajará, na cidade de Ananindeua, no estado do Pará. Iniciou sua construção e atividades no ano de 2020, em um movimento misto entre o Candomblé e a Umbanda. Wando Oliva, o líder religioso do referido Terreiro, designado o Babalorixá, ou Pai de Santo, começou no Candomblé e na Umbanda pela influência de sua avó, aos 14 anos, após receber uma entidade chamada Seu Nego Gerson, que segundo a liderança é uma entidade muito especial em sua vida, presente em todos os momentos.

O colaborador da pesquisa explica que na hora do recebimento da entidade ele sentiu um choque muito grande e adormeceu, e foi a partir de então que a entidade tomou frente do ritual. Até hoje a liderança recebe o Seu Nego Gerson, e apenas ele, em rituais dentro do Terreiro *ILÉ ASÉ NI BABA KIJÁ*. A seguir pode-se observar as imagens referentes ao Terreiro, na Figura 1.

Figura 1 – O Terreiro

Fonte: os autores, 2023

O Terreiro inicia-se com três quartos, dois para os Exus, e um para o Seu Nego Gerson, identificados com a frase "Lar é onde o seu coração está". Em seguida tem-se a Roça, identificada com o nome do Terreiro *ILÉ ASÉ NI BABA KIJÁ*, onde acontecem os rituais. Logo após, mais três quartos, para os Orixás, identificados com a frase "Não há lugar como o nosso lar". Ao lado dos quartos, tem-se o banheiro, denominado de "Tó", utilizado apenas para os rituais; para o Pai de Santo esse é um banheiro que se respeita. E, ao final do Terreiro, na lateral esquerda, tem-se a cozinha, o coração do barracão, pois é nesse local que produzem as comidas para os Orixás, para as festas e para as pessoas.

De acordo com Oliva (2023), a liderança espiritual, as frases foram escolhidas pelo Seu Nego Gerson, espírito que o incorpora. O Babalorixá explica que Exu é uma energia, e significa "primeiro", por isso eles se situam logo na entrada do Terreiro, pois, para os fiéis, eles têm o objetivo de buscar as respostas, proteger e defender as portas.

Oliva (2023) também explica que os Exus são considerados os mensageiros, ou seja, trazem as mensagens, boas ou ruins, que devem chegar até os seus fiéis. Para Sodré (2009), o Exu faz parte de um conjunto representativo das divindades, e se caracteriza como um elemento intermediador e singular dentro do Terreiro. A seguir pode-se visualizar a entrada e o interior dos referidos quartos.

Figura 2 – Os quartos dos Exus e do Seu Nego Gerson

Fonte: os autores, 2023

Na imagem tem-se, como dito anteriormente, três quartos. No primeiro quarto, segundo a liderança, moram os Exus, e cada Exu da imagem é correspondente e protetor de um Orixá. De acordo com Barbosa (2012), os Orixás são divindades, que atendem às necessidades dos escravos e seus descendentes. A autora explica que já houve um tempo em que viviam como seres humanos, porém com habilidades especiais.

No caso em questão, o Pai de Santo relata que os Orixás não se comunicam diretamente com as pessoas, e por isso utilizam os Exus como caminho. Os Exus da Figura 2 têm nomes individuais, que são secretos e se manifestam no Jogo de Búzios. Cada Exu tem um segredo e um mistério.

Tem-se alguns exemplos de Exus na referida imagem: Exu de Oxaguiã — na mitologia iorubá, o Oxaguiã é um jovem guerreiro, que segura em suas mãos um escudo e uma espada, e é considerado o Orixá das inovações, aprimoramento e inconformismo; Exu de Padilha de Oxum — também conhecida por dama da madrugada, rainha da encruzilhada, do agrupamento de pombagira, representada como uma linda jovem, considerada o Orixá do amor, da beleza e da vaidade; e Exu de Ogum — também representado por um guerreiro, cuja característica é a coragem e a força, o qual no sincretismo (fusão de diferentes doutrinas religiosas) das religiões afro-brasileiras é associado a São Jorge.

No segundo quarto, Oliva (2023) explica que também ficam os Exus, porém são os Exus considerados quentes, ou seja, representam os Orixás que consomem água, mel, azeite e dendê, ofertados pelos fiéis. E, como a casa é de Oxalá, considerado um Orixá branco ou Orixá funfum, que significa ser um Orixá que não come dendê, esses Exus necessariamente precisam estar em quartos separados. Barbosa (2012) descreve Oxalá como um dos Orixás mais importantes da religião afro-brasileira, ele representa as energias de criação da natureza e personifica o céu, é uma das divindades primordiais. Ele está presente em momentos de calma, tranquilidade, silêncio e paz.

No terceiro quarto, habita apenas um morador, o Seu Nego Gerson, como dito anteriormente, que é a entidade que a liderança incorpora. Seu Nego Gerson é aquele que não permite o mal e trabalha com a caridade. Segundo Pordeus Junior (2011), Seu Nego Gerson era um escravo, vindo nos últimos navios negreiros, de Guiné-Bissau, no norte da África.

Em seguida, após os três quartos, chega-se na Roça, espaço similar a um salão, onde acontecem os rituais. De acordo com o Babalorixá, o ritual acontece no formato de roda, no sentido anti-horário, justamente para buscar a ancestralidade. No Terreiro *ILÉ ASÉ NI BABA KIJÁ* acontece um ritual misto, entre o Candomblé e a Umbanda; por um lado o culto aos Orixás, e por outro a incorporação de Seu Nego Gerson, durante o rito.

No ritual o grupo vestido de branco canta e dança em círculo, no ritmo da batida dos tambores, além de realizarem oferendas, com o objetivo de encontrar a paz e praticar a caridade. A seguir, pode-se visualizar a realização do ritual, dirigido pelo Pai de Santo, no momento de transe divino em que Seu Nego Gerson toma frente do Terreiro e do controle do corpo de Wando Oliva, para dançar e encenar cenas míticas.

Figura 3 – O Ritual na Roça

Fonte: os autores, 2023

A Roça é formada pelo Orixá Intoto, localizado no chão, pois significa "o dono da terra", ele é o Orixá responsável pela permissão da realização do rito; a Roça é formada também pelo Orixá Xangô, acima do Intoto, próximo ao telhado da Roça, pois é o esteio da casa, considerado o deus da justiça e protetor dos intelectuais; assim como é constituída pelo Orixá Atabaque, à frente do Intoto, representado por três instrumentos de percussão, que após os rituais, alimentação e sacrifícios tornam-se os Orixás Rum, Rumpi e Le; e, por fim, a Roça é formada pelo Orixá Ogum, atrás do Intoto, ou seja, a casa se posiciona como um relógio.

A representação dos referidos Orixás pode ser visualizada, respectivamente, na figura a seguir.

Figura 4 – A Roça

Fonte: os autores, 2023

Ainda na Roça, encontra-se a Mesa de Jogo, o Jogo de Búzios. A liderança explica que não existe adivinhação, ele é baseado pela numerologia, que é exata, e traz os recados e as mensagens para os fiéis. É no Jogo de Búzios que são definidas as obrigações dentro do Terreiro. São um total de 16 búzios, denominados de Odus, representados por conchas, consideradas divindades que regem o destino nos cultos.

Na Mesa de Jogo é onde se tira o Orixá da pessoa que está sendo atendida, ou seja, é onde é escolhido o Orixá que vai corresponder às suas energias, aquele que será o seu anjo da guarda. Segundo o Pai de Santo, Wando Oliva, precisa-se do nome e data de nascimento para poder abrir um jogo. Pode-se visualizar a Mesa com o Jogo de Búzios na Figura 5, a seguir.

Figura 5 – O Jogo de Búzios

Fonte: os autores, 2023

Oliva (2023) descreve o nome dos 16 Odus, demonstrados na Figura 5, constituintes do Jogo de Búzios, são eles: Okaran, relacionado com Exu; Egiokó, relacionado com Ogum; Etaogundá, relacionado com Omolu; Orozun, relacionado com Yemanjá; Oxé, relacionado com Oxum; Obará, relacionado com Xangô; Odi, relacionado com Oxóssi; Egionilê, relacionado com Oxaguiã; Osá, relacionado com Iansã; Ofum, relacionado com Oxalá; Eowarin, relacionado com Obaluaiê; Egilaxeborá, relacionado com Xangô; Ediolobã, relacionado com Nanã Buroquê; Ikã, relacionado com Oxumaré e Ewã; Obiogundá, relacionado com Obá; e Alafia, relacionado aos Orixás da criação.

Ao final da Roça, como já elencado, tem-se os três quartos dos Orixás, onde os fiéis se debruçam para meditar. No primeiro, tem-se o Roncó, local que recebe os iniciantes, onde se recolhem as pessoas, onde os fiéis dão o primeiro passo dentro do Candomblé. É no Roncó que fica o Orixá Ossanhe, pois este traz as ervas, e é o senhor da medicina.

Para Araújo e Monteiro (2020), é comum nas narrativas religiosas referir-se ao Roncó como representação do útero, já que a iniciação é vista como metáfora da gestação e parto. Pressupondo essa comparação, se o Roncó é um útero, então é nele que o feto (neófito, pessoa recolhida) deve ser alimentado.

A liderança destaca o segundo quarto como o lugar mais especial da casa, pois nele mora o Orixá Oxaguiã, o dono da casa, o que lidera, o que representa o grande pai, o amor, a paz e a esperança. Ao lado de Oxaguiã, no mesmo quarto, encontra-se Oxum, que faz o papel de mãe, deusa do amor. Logo após, tem-se Ogum, o protetor, que defende seus seguidores das violências e dos ataques. Nesse quarto, também mora o Orixá do filho do Pai de Santo, o Orixá Egbé, que representa o progresso e desobstrui o que estiver obstruído na vida, com satisfação e bem-estar.

Tem-se também como morador o Orixá Oxalufã, o Orixá da paciência, ligado à calma e tranquilidade. Outro morador do quarto é o Logun, um Orixá caçador, pescador e guerreiro. O último morador do quarto é o Erê, que são divindades infantis, repletas de leveza e espontaneidade. Por fim, tem-se o último quarto, onde mora o Orixá Oxaguiã, do cônjuge do Pai de Santo. Ele fica separado dos outros Orixás, porque não pode se misturar com os Orixás do Babalorixá, por possuírem essa relação matrimonial.

Figura 6 – Os quartos dos Orixás

Fonte: os autores, 2023

Diante do exposto, percebe-se a concretização de uma das maiores resistências negras no Brasil, a Religião, que segue firme, em sua organização, em suas crenças e em seus rituais, de acordo com a tradição, tentando fazer com que permaneça viva a identidade de um povo, que foi massacrado desde 1500, e alvo de muitos preconceitos. O Terreiro *ILÉ ASÉ NI BABA KIJÁ* consegue exercer suas raízes e contribuir para a visibilidade da história, cultura e costumes afro-brasileiros.

CONSIDERAÇÕES FINAIS

Percebeu-se que durante a crônica brasileira houve muitas tentativas de invisibilização da história e cultura afro, assim como a "coisificação" do negro, tratando-os como objetos, resultado de uma das estratégias europeias de apagamento do africano, como sujeito pertencente a um povo, com uma língua, uma religião e um passado.

Os negros foram considerados passíveis de discriminação e de tratamentos desumanos, ou seja, eram criadas narrativas que colocavam as populações dos países colonizados, especialmente as populações escravizadas, em condições de espectadores da história do mundo e das próprias histórias; porém, verificou-se que mesmo em condição de escravizados os africanos constituíram a civilização brasileira, com o seu trabalho, cultura e povoamento do país.

Então, os elementos que constituem o seu patrimônio cultural são resultados de uma constante resistência, diante de muitas lutas pela visibilidade. Essa conquista contra o apagamento é vista na língua, na culinária, nas danças e na religião. E as religiões afro-brasileiras, como o Candomblé e a Umbanda, assim como o Terreiro *ILÉ ASÉ NI BABA KIJÁ* em Ananindeua, no estado do Pará, estão aí para mostrar essa resistência, possibilitando discordar de quem defende uma passividade mórbida vinda dos negros no decorrer da história do Brasil.

REFERÊNCIAS

ARAUJO, Patrício Carneiro; MONTEIRO, Laís. Comida de Roncó: alimentação e performance no Candomblé. **Revista Contraponto**, [s. l.], v. 7, n. 3, 2020.

DOS SANTOS BARBOSA, Daniela. O conceito de orixá no candomblé: a busca do equilíbrio entre os dois universos segundo a tradição iorubana. **Sacrilegens**, [s. l.], v. 9, n. 1, 2012.

CRUZ, Isabel Cristina Fonseca da. As religiões afro-brasileiras: subsídios para o estudo da angústia espiritual. **Rev. Esc. Enf.** USP, v. 28, n. 2, p. 125–36, ago. 1994.

INSTITUTO DO PATRIMÔNIO HISTÓRICO E ARTÍSTICO NACIONAL. IPHAN. **Significado do Acarajé no Candomblé**, 2021. Disponível em: http://portal.iphan.gov.br/pagina/detalhes/837/. Acesso em: 14 jan. 2023.

JULIO, Michele Távora. Contribuições do Maracatu de Baque Virado na Educação Antirracista. **Revista Sustinere**, [s. l.], v. 9, n. 1, p. 160–183, 2021.

MINAYO, Maria Cecília de Souza. **Pesquisa Social**: teoria, método e criatividade. 18. ed. Petrópolis: Vozes, 2001.

OLIVA, Wando. **A resistência do Candomblé e da Umbanda no Terreiro *ILÉ ASÉ NI BABA KIJÁ***. Entrevista concedida a Vaniely Corrêa Barbosa. Belém, 2023.

PEREIRA, Neuton Damásio. **A trajetória histórica dos negros brasileiros**: da escravidão à aplicação da Lei 10.639 no espaço escolar. Monografia de Especialização. Paraná: UFPR, 2015.

PORDEUS JUNIOR, Ismael. **Umbanda**: Ceará em transe. 2. ed. Fortaleza: Museu do Ceará; Expressão Gráfica e Editora, 2011.

SANTOS, Maria Arlete. Contribuição do Negro para a Cultura Brasileira. **Revista RTES**: Temas em Educação e Saúde, São Paulo, v. 12, n. 2, p. 217–229, jul./dez. 2016.

SANTOS, Vilson Pereira dos. Técnicas da tortura: punições e castigos de escravos no Brasil escravista. **Revista Enciclopédia Biosfera**, Centro Científico Conhecer, Goiânia, v. 9, n. 16, p. 2.393–2.408, 2013.

SODRÉ, Jaime. EXU: a forma e a função. **Revista Vera Cidade**, Salvador, ano VI, n. 5, 2009.

SOUZA, Fabíola Amaral Tomé de. Umbanda brasileira e a desconstrução de uma memória coletiva africana. **Revista de História da UEG**, v. 3, n. 1, p. 143–162, set. 2014.

VIEIRA, Sergio Luiz de Souza. **Da capoeira**: como patrimônio cultural. 2004. 193 f. Tese (Doutorado em Ciências Sociais) — Pontifícia Universidade Católica de São Paulo, São Paulo, 2004. Disponível em: https://tede2.pucsp.br/handle/handle/4099. Acesso em: 14 jan. 2023.

CAPÍTULO 9

PATRIMÔNIO CULTURAL IMATERIAL E RELIGIOSIDADE: AS CELEBRAÇÕES EM MAZAGÃO VELHO NO AMAPÁ

Alene Chagas da Silva
Eugénia da Luz Silva Foster

INTRODUÇÃO

O patrimônio cultural representa a soma de todos os bens culturais de um povo, que são portadores de valores que podem ser transmitidos e preservados para as futuras gerações, e que têm sua proteção resguardada na Constituição Federal (CF) de 1988, em seus artigos 215 e 216, e no Decreto n.º 3.551/2000, sendo esse último considerado o marco legal para a proteção do patrimônio cultural imaterial.

O presente artigo tem como objetivo discutir sobre os Bens Culturais que compõem a celebração das festividades em Mazagão Velho, no estado do Amapá, descrevendo os seus valores histórico, cultural e religioso. O presente texto busca ainda analisar o contexto histórico-cultural-religioso dessa comunidade que possui um riquíssimo patrimônio arraigado em suas tradições religiosas e culturais, que se estende por quase dois séculos e meio, e que até o presente momento possui poucos registros escritos.

A cidade de Mazagão Velho guarda um capítulo especial da história da colonização brasileira. Passou a ser reconhecida tradicionalmente no estado e no país por suas festividades religiosas e manifestações culturais, em especial a festividade religiosa denominada Festa de São Tiago, que é o ápice da expressão cultural, onde é revivida a batalha entre os mouros e os cristãos. A comunidade do Mazagão Velho, com uma população predominantemente negra, mantém há 244 anos suas tradições religiosas e culturais, preservando assim aquilo que lhe é mais precioso e não tem preço, seu patrimônio cultural.

Trata-se do resultado de um estudo exploratório de natureza qualitativa que adotou a pesquisa bibliográfica, a análise documental e a entrevista como forma de investigação. O texto é fruto de pesquisas do Grupo de Pesquisa Educação, Interculturalidade e Relações Étnico-Raciais, cadastrado no CNPq e liderado pela Professora doutora Eugénia da Luz Silva Foster.

A discussão inicia-se com algumas considerações sobre patrimônio cultural imaterial. Em seguida, trata-se sobre a origem, a localização e a população do município de Mazagão Velho, no estado do Amapá. Depois, abordam-se as manifestações religiosas e culturais de Mazagão Velho como Patrimônio Cultural Imaterial (Festa de São Tiago, Festa de Nossa Senhora da Piedade e Festa do Divino Espírito Santo). Por último, as considerações finais.

PATRIMÔNIO CULTURAL IMATERIAL: ALGUMAS CONSIDERAÇÕES

Até a Constituição Federal (CF) de 1988, a concepção de patrimônio cultural contemplava apenas os bens móveis com aspectos monumentais, excepcionais e grandiosos da cultura brasileira. Pautada numa perspectiva elitista, buscava-se sempre a preservação de registros memoráveis da história do Brasil, inscrevendo nos museus e livros a memória de grupos cultural, econômica e politicamente dominantes (Assis, 2011).

Com o advento da Nova Carta Magna (Brasil, 1988), uma nova concepção de patrimônio cultural brasileiro foi pensada. Pela primeira vez numa Constituição, a denominação "Patrimônio Cultural" foi citada e materializada num dispositivo legal contemplando tanto a dimensão material como a imaterial, bem como com referência à identidade e à memória dos diferentes grupos formadores da sociedade brasileira. É assim que dispõe o seu artigo 216, *caput*:

> Art. 216. Constituem patrimônio cultural brasileiro os bens de natureza material e imaterial, tomados individualmente ou em conjunto, portadores de referência à identidade, à ação, à memória dos diferentes grupos formadores da sociedade brasileira, nos quais se incluem: I– as formas de expressão; II– os modos de criar, fazer e viver; III– as criações científicas, artísticas e tecnológicas; IV– as obras, objetos, documentos, edificações e demais espaços destinados às manifestações artístico-culturais; V– os conjuntos urbanos e sítios de valor histórico, paisagístico, artístico, arqueológico, ecológico e científico (Brasil, 1988).

Nesses termos, está claro que o patrimônio cultural brasileiro não se resume mais, única e exclusivamente, aos bens de ordem material. Outras formas de expressão foram consideradas nos incisos do mencionado artigo, valorizando, de tal maneira, a miscigenação que prepondera na formação do povo brasileiro. Entre elas podemos citar "as lendas, os mitos, ritos e técnicas, interpretações musicais e cênicas, conhecimentos tradicionais, práticas terapêuticas, culinárias e lúdicas, técnicas e produção e outros" (Santana, 2012, p. 51).

É importante aqui referendar o artigo 215 da CF/1988, que trouxe também, na seção dedicada ao assunto "Da Cultura", a responsabilidade do Estado em garantir à população os direitos culturais, bem como o acesso à cultura nacional e também o apoio e incentivo às manifestações culturais.

A Constituição consagra no § 1º do citado artigo "o princípio da diversidade cultural" (Fernandes, 2013, p. 11), pois estabelece que o Estado tem o dever constitucional de proteger as manifestações culturais populares, indígenas e afro-brasileiras, como também de outros grupos participantes do processo civilizatório nacional.

Ainda sobre o artigo 215 da CF/1988, necessário se faz comentar sobre a Emenda Constitucional n.º 48, publicada em 11 de agosto de 2005, que adicionou ao artigo ora em comento o § 3º, composto de cinco incisos, o qual disciplina sobre o Plano Nacional de Cultura, primando pelo desenvolvimento cultural do país e pela integração das ações do Poder Público que conduzam a:

> I – defesa e valorização do patrimônio cultural; II – produção, promoção e difusão dos bens culturais; III – formação de pessoal qualificado para a gestão da cultura em suas múltiplas dimensões; IV – democratização de acesso aos bens de cultura; V – valorização da diversidade étnica e regional.

Percebe-se que a materialização do mencionado diploma legal só veio contemplar alguns direitos negados aos brasileiros, reconhecendo, então, a importância do multiculturalismo e da pluralidade étnico-cultural na nossa formação histórica. Cabe aqui ressaltar o artigo 7º da Declaração Universal sobre a Diversidade Cultural, que afirma que toda criação tem sua origem nas tradições culturais, devendo todo patrimônio ser preservado, valorizado e transmitido às gerações futuras como testemunho da experiência, estimulando a criatividade, garantindo que se estabeleça um diálogo entre as culturas e que sejam criadas as condições para que estas possam se expressar e se fazer conhecidas (Unesco, 2002).

Nota-se assim que a CF/1988 acompanhou a evolução histórica do conceito de patrimônio cultural e ampliou sua abrangência aos bens de natureza materiais e imateriais, contemplando, enfim, o que Mário de Andrade almejou em seu anteprojeto no ano de 1937, os bens de cultura imateriais.

O artigo 216 da CF/1988 ampliou sua definição, tornando-a mais abrangente e "abriu espaço não somente para as expressões da cultura popular, mas também para os bens imateriais, que formam o patrimônio intangível" (Oliven, 2009, p. 81). Apesar da nova e ampla concepção de patrimônio cultural brasileiro, englobando as dimensões material e imaterial, bem como a referência à identidade e à memória, há de se reconhecer que essa evolução não é o suficiente para se garantir a tutela efetiva dos bens culturais.

O § 1º do artigo 216 da CF/1988 estabelece que o Poder Público, com a colaboração da comunidade, deverá promover e proteger o patrimônio cultural brasileiro, utilizando das formas mais variadas, como os inventários e registros, vigilância, tombamento e desapropriação, e buscará também outras formas de acautelamento e preservação.

Devido à necessidade de um diploma legal que contemplasse o acautelamento dos bens de natureza imateriais, em 4 de agosto de 2000 foi aprovado o Decreto Federal n.º 3.551, instituindo o Registro de Bens Culturais Imateriais que integrem o Patrimônio Cultural Brasileiro, assim como criou o Programa Nacional do Patrimônio Imaterial (PNPI), consolidando o Inventário Nacional de Referências Culturais (INCR).

O inovador Decreto vem abordando, também, as funções do Ministério da Cultura (MinC) e do Instituto de Patrimônio Histórico e Artístico Nacional (Iphan), as partes legítimas para pleitear a instauração do processo de registro, e também como ocorre a revalidação e perda do registro.

O registro é, antes de tudo, uma forma de reconhecimento que busca a valorização desses bens, sendo visto como um instrumento legal que, resguardadas as suas especificidades e alcance, equivale ao tombamento. Cabe informar que logo após a implementação do Decreto n.º 3.551/2000 os primeiros registros de bens imateriais foram realizados, efetivando-se em 20 de dezembro de 2002 no livro dos Saberes o *Ofício das paneleiras de Goiabeiras* do Espírito Santo, e no mesmo dia foi registrado também no livro das Formas de Expressão a *Arte Gráfica Kusiwa dos índios Wajãpi* do estado do Amapá.

Atualmente, constam que existem 28 bens de natureza imaterial registrados no Iphan, sendo 10 no livro de Formas de Expressão; 7 no livro das Celebrações; 9 no livro dos Saberes e 2 no livro de Lugares.

Em 17 de outubro de 2003, em Paris, na 32ª sessão da Conferência Geral da Organização das Nações Unidas para a Educação, a Ciência e a Cultura (Unesco), é aprovada a Convenção para Salvaguarda do Patrimônio Cultural Imaterial, estabelecendo em seu artigo 2º a seguinte definição:

> Entende-se por "patrimônio cultural imaterial" as práticas, representações, expressões, conhecimentos e técnicas — junto com os instrumentos, objetos, artefatos e lugares culturais que lhes são associados — que as comunidades, os grupos e, em alguns casos, os indivíduos reconhecem como parte integrante de seu patrimônio cultural. Este patrimônio cultural imaterial, que se transmite de geração a geração, é constantemente recriado pelas comunidades e grupos em função de seu ambiente, de sua interação com a natureza e de sua história, gerando um sentimento de identidade e continuidade, contribuindo para promover o respeito à diversidade cultural e à criatividade humana (Unesco, 2003, art. 2º).

Importante ressaltar que o Iphan, ao estabelecer os procedimentos para a instauração e instrução do processo administrativo de registro dos bens culturais imateriais, através da Resolução n.º 1, de 3 de agosto de 2006, também definiu, no preâmbulo desta, seu entendimento quanto ao bem de natureza imaterial, não diferente, é nítido o entendimento pela convenção da Unesco, afirmando que:

> Se entende por bem cultural de natureza imaterial as criações culturais de caráter dinâmico e processual, fundadas na tradição e manifestadas por indivíduos ou grupos de indivíduos como expressão de sua identidade cultural e social; [...] toma-se tradição no seu sentido etimológico de "dizer através do tempo", significando práticas produtivas, rituais e simbólicas que são constantemente reiteradas, transformadas e atualizadas, mantendo, para o grupo, um vínculo do presente com o seu passado.

Tem-se, portanto, um patrimônio cultural mais plural, transmitido de geração em geração, e que é "alvo de constantes recriações decorrentes das mutações entre as comunidades e os grupos que convivem num dado espaço social, do meio ambiente, das interações da natureza e da própria história dessas populações" (Pelegrini, 2013, p. 46). Vale registrar que a referida Convenção só foi ratificada pelo Brasil no ano de 2006, através do Decreto Federal n.º 5.753.

MAZAGÃO VELHO: ORIGEM, LOCALIZAÇÃO E POPULAÇÃO

De acordo com Boyer (2008), a história de Mazagão Velho começa do outro lado do Atlântico, no século XVIII, há mais de três séculos, quando a Coroa Portuguesa, sob pressão dos Marroquinos, que constantemente tentavam invadir e tomar para si o domínio da Fortaleza da Mazagão Africana, e ainda como estratégia econômica, decide retirar-se do território Marroquino, remanejando as 436 famílias que lá moravam para a Amazônia, lugar que estava sendo colonizado. Cabe ressaltar que, segundo Assunção (2009, p. 34):

> A decisão do governo português de mudar a cidade de Mazagão para a América Portuguesa foi meticulosamente articulada. O projeto era transferir o "espírito da cidade" para onde os habitantes tivessem melhores condições de sobrevivência, não deixando de servir aos interesses da monarquia lusitana.

Dessa maneira, está claro que a Coroa Portuguesa já sabia que a Amazônia era um lugar promissor, com isso queria ocupar mais territórios, e os mazaganistas tinham esse perfil, pois possuíam uma grande experiência de combate, quando das batalhas contra os mouros, em território marroquino na África. Então o processo de construção da Nova Mazagão Africana passou a ser pensado e esta foi construída por aproximadamente cinco anos.

De acordo com Assunção (2009, p. 42–44) "a Vila Nova de Mazagão foi criada oficialmente em 23 de janeiro de 1770, tendo como característica os traços de uma cidade colonial". O autor ainda frisa que "a primeira família transferida para a Vila Nova de Mazagão deu-se em 04 de abril de 1770, foi do ferreiro Lourenço Rodrigues, cuja função era de ajudar na construção". E no decorrer de 1771 e 1772 foram realizados vários transportes de outras famílias para o local, no final totalizando 160 famílias, aproximadamente 1.022 pessoas entre brancos e escravos.

Segundo Vidal (2008), Mazagão apresentava, de início, as características típicas de uma vila colonial, contendo convento, quartel, igreja, intendência. Porém, era um povoado abandonado em meio ao desconhecido, que teve grande parte de sua população dizimada por doenças tropicais, como a malária, o cólera, a diarreia e o sarampo, para as quais não estava preparada.

A vila só deixaria o isolamento total com a construção de uma estrada que levou a outro local, passando a ser posteriormente a sede do município, denominado, através do Decreto Estadual n.º 931, de 22 de março de 1933, de Mazaganópolis, mas que habitualmente é chamado de Mazagão Novo, onde permanece até hoje, porém todas as manifestações religiosas e culturais são festejadas na comunidade de Mazagão Velho, inclusive o aniversário do município, comemorado todo dia 23 de janeiro.

Atualmente, Mazagão Velho é um dos distritos do município de Mazagão, que possui uma área aproximada de 13.131 km² e uma população estimada (em 2014) em 19.157 habitantes, contemplando a sede do município, o distrito do Carvão e a vila de Mazagão Velho. Está situado ao sul do estado do Amapá, sendo seus limites: ao norte, Pedra Branca do Amapari e Porto Grande; a nordeste, Santana; a sudeste, a foz do rio Amazonas; a sul, Vitória do Jari e, a oeste, Laranjal do Jari (Brasil, 2014).

A Vila de Mazagão Velho está localizada a cerca de 75 km da capital Macapá e a cerca de 35 km da sede do município de Mazagão. O acesso à comunidade de Mazagão Velho ocorre, primeiramente, por transporte terrestre, chegando ao rio Matapi, cuja travessia ocorre por meio fluvial, através de balsas, continuando por via terrestre, sendo a chegada até a sede do município toda pavimentada, depois segue numa estrada de chão em direção a Mazagão Velho. Esta apresenta uma população de aproximadamente 1.500 habitantes, de acordo com as informações do atual líder comunitário.

AS MANIFESTAÇÕES RELIGIOSAS E CULTURAIS DE MAZAGÃO VELHO COMO PATRIMÔNIO CULTURAL IMATERIAL

A comunidade do Mazagão Velho, com uma população predominantemente negra, mantém há 245 anos suas manifestações religiosas e culturais, preservando assim aquilo que lhe é mais precioso e não tem preço, seu patrimônio cultural, que como já mencionado teve sua concepção ampliada significativamente com o advento da CF/1988, englobando as práticas, representações, expressões, conhecimentos e técnicas que as comunidades, os grupos ou os indivíduos reconhecem como fazendo parte integrante de seu patrimônio cultural.

A comunidade de Mazagão Velho possui um calendário extenso de manifestações religiosas, agregadas também às culturais, que vai de janeiro a dezembro; contudo nos deteremos apenas naquelas que consideramos mais expressivas no que diz respeito à participação das pessoas enquanto espectadoras da cultura mazaganense.

A Festa de São Tiago

De acordo com a comissão da festa, o primeiro festejo em louvor ao santo aconteceu em 1777, sete anos depois da fundação da vila, realizado por famílias de colonos negros vindos da costa africana em decorrência de conflitos políticos e religiosos existentes na região.

Figura 1 – São Thiago e São Jorge

Fonte: acervo pessoal, 2014

Figura 2 – Procissão no dia 25 de julho

Fonte: acervo pessoal, 2014

A transferência dessas famílias para a Amazônia foi uma verdadeira odisseia, e a encenação era uma forma de manter viva uma tradição do outro lado do oceano Atlântico. Também cultivavam a devoção ao guerreiro Tiago em países como Portugal, Marrocos e Mauritânia. Na festividade, reproduziam momentos importantes da guerra santa, como as alvoradas, a entrega dos presentes, o roubo das crianças, o baile de máscaras, a morte do Atalaia, a passagem do bobo velho e a batalha entre os dois povos, Mouros e Cristãos, a qual se encerra com a vitória desses últimos.

Figura 3 – Baile de Máscaras   Figura 4 – Momento da Batalha   Figura 5 – Morte do Atalaia

Fonte: acervo pessoal, 2014   Fonte: acervo pessoal, 2014   Fonte: acervo pessoal, 2014

A tradicional festa de São Tiago é realizada sempre no mês de julho, no período dos dias 16 a 28, ocasião em que a vila recebe muitos visitantes e devotos de todo o estado do Amapá. E, para dar vida ao enredo, a própria comunidade incorpora os personagens épicos, com figurinos impecáveis, resultando num grande espetáculo a céu aberto, momento em que as pessoas se encantam com a beleza de uma tradição que resiste ao tempo e se renova a cada ano devido a uma história de luta, cultura, fé e devoção.

A Festa de Nossa Senhora da Piedade

Outra manifestação religiosa e cultural realizada em Mazagão Velho é a Festa de Nossa Senhora da Piedade, nome dado em virtude do sofrimento de Nossa Senhora, pela crucificação de Jesus Cristo. A festa antecede a Festa de São Tiago, iniciando no dia 23 de junho, com o levantamento do mastro, quando nele são amarrados alimentos, produtos do seu trabalho, como cachos de banana, abacaxi, laranja, mandioca, enfim, alimentos retirados de suas plantações, como expressão de agradecimento para que os alimentos se multipliquem e não faltem.

Figura 6 – Chegada da Santa na Comunidade do Mazagão Velho no dia 11 de julho

Fonte: acervo pessoal, 2014

O momento mais esperado pela comunidade, considerado o ponto alto da programação, é no dia 11 de julho, quando a imagem da Santa retorna a Mazagão Velho em uma transladação fluvial seguindo pela foz do rio adjacente até a foz de Mazagão Velho, quando adentra o rio Mutuacá, chegando à comunidade de Mazagão Velho.

O ritual da festa consiste no encontro de duas canoas de propriedade dos foliões da festa, trazendo a bandeira e imagem da Santa, tocando e cantando a folia. As duas comissões de foliões fazem o encontro em meia-lua, três vezes no rio, e os bandeirantes trocam de canoa e de bandeiras (símbolo da festa), em sinal de fé, devoção e amizade entre irmãos.

Figura 7 – Encontro das duas canoas dos foliões

Fonte: acervo pessoal, 2014

Figura 8 – Imagem da Santa conduzida para a igreja

Fonte: acervo pessoal, 2014

Após esse momento, os foliões desembarcam na rampa principal, quando são recebidos pelo povo, conduzindo a imagem da Nossa Senhora da Piedade, que é entregue às autoridades para ser levada em procissão até a igreja de Nossa Senhora da Assunção, em reverência ao santíssimo sacramento. Posteriormente, a imagem é levada às casas dos festeiros, que são os encarregados a cada ano pela realização da festa. Cabe mencionar que essa é uma festa que se apresenta como uma das mais tradicionais de Mazagão Velho e também do Igarapé do Lago, localizado no município de Santana.

Seu término acontece em 12 de julho, período que reúne muitos fiéis que vão até a comunidade para prestigiar as homenagens em louvor à Santa, que consistem em alvorada festiva, missa solene, novena, procissão, bingo dançante, batuque com gengibirra, leilão, baile, jantar, almoço e, ao final, a derrubada do mastro, simbolizando o final da festa e que as oferendas podem ser consumidas.

A Festa do Divino Espírito Santo

É uma festividade religiosa que surgiu em Portugal, no início do século XIV. O nome de "divino" da festa refere-se ao Divino Espírito Santo, pois nessa data a Igreja Católica comemora a descida do Espírito Santo sobre os apóstolos, os doze discípulos de Jesus Cristo. A devoção ao Espírito Santo espalhou-se rapidamente pelo país, tendo chegado ao Brasil através dos jesuítas, no século XVI.

A festa original tinha um "Imperador do Divino" (criança ou adulto escolhido para "presidir" a festa), que tinha poderes de um rei: durante a festa podia até libertar presos. A procissão podia percorrer uma região inteira, levando a Bandeira, que retrata a figura de uma pomba branca ao centro. Essa procissão podia levar meses, mas atualmente faz-se um trajeto bem menor, de um ponto a outro da cidade.

Hoje, cada região do Brasil dá um nome para essa festa, sendo que uma das maiores Folias do Divino acontece em Pirenópolis, Goiás; outras festas famosas são a de Paraty, no Rio de Janeiro, e a de São Luís do Paraitinga, em São Paulo. Aqui no Amapá, as diversas festas do Divino, inclusive a de Mazagão Velho, preservam as características das manifestações encontradas Brasil afora.

Na comunidade de Mazagão Velho o culto ao Divino já se realiza há mais de um século; assim como as demais festividades, essa festa também segue seus rituais e calendário, ocorrendo do dia 16 até o dia 25 de agosto, sendo o dia 24 o mais esperado, pois é quando acontece a representação simbólica da Coroação da Imperatriz, na Igreja de Nossa Senhora da Assunção. É uma referência à princesa Isabel, signatária da Lei Áurea, em 13 de maio de 1888. A coroa representa o Espírito Santo que a iluminou para libertar os escravos do sofrimento, quando as figuras de pombas, conduzidas pelas "paga-fogaças", representam essa liberdade alcançada pelos escravos, bem como selam a paz e a gratidão.

Figura 9 – Coroação da Imperatriz na igreja

Fonte: acervo pessoal, 2014

A Corte é representada pela soberana, que é a Imperatriz, e também por outras figuras ilustres (Paga-Fogaças, Trinchantes, Pega-na-Capa, Varas Douradas e Alferes Bandeira), sendo todas representadas por meninas ou adolescentes das famílias dos festeiros, membros tradicionais da comunidade.

A "Trinchante" cuida das joias da imperatriz; a "Pega-na-Capa" é responsável pelas vestimentas; "Alferes Bandeira" carrega a Bandeira do Divino; as "Varas Douradas" fazem a segurança da Corte Real, protegendo e anunciando o cortejo da Imperatriz; e as "Paga-Fogaças" cuidam da alimentação.

A festa teve como precursor o senhor Antônio Miguel Ayres da Silva Sobrinho, que por muitos anos a coordenou; no entanto, após sua morte houve uma paralisação, sendo resgatada somente vinte anos depois por sua filha Ana Ayres da Silva (falecida) e outras moradoras da comunidade, como Odacina Barreto (falecida), Olga Jacarandá e Maria Barriga, essas últimas ainda vivas, porém, pelas idades avançadas, já não participam mais como organizadoras.

Nos últimos anos, a festa está sendo coordenada pelo senhor Josué Videira e outros colaboradores, que arrecadam donativos, fazem as refeições para os foliões, rezam as ladainhas em latim, cantam e dançam o Marabaixo, como Dona Joaquina Jacarandá, puxadora de Folias, e Dona Carmosina, que há vinte anos participam da Comissão da Festa. Os homens da comunidade participam assegurando a batida forte e ritmada das caixas de Marabaixo e o tremular apoteótico da bandeira do Divino Espírito Santo.

Durante as festividades é servida a tradicional gengibirra, bebida típica das festas afro-amapaenses feita com abacaxi, gengibre e cachaça, consumida enquanto o povo segue pelas ruas caminhando e cantando ao ritmo do Marabaixo, ocupando pátios, varandas e salas das casas dos moradores da comunidade, em agradecimento pela comida, bebida, fé, união e a liberdade, concedida pela imperatriz a um povo que permaneceu por muito tempo em cativeiro, mas que agora segue deixando um rastro de alegria e espiritualidade por toda a comunidade. Ressalta-se que o Marabaixo da Festa do Divino Espírito Santo é o único fora do ciclo oficial, que acontece de abril a junho.

Figura 11 – Dança do Marabaixo nas residências da comunidade

Fonte: acervo pessoal, 2014

A programação da festa encerra-se no dia 25 de agosto com o "Marabaixinho", quando é escolhido um morador da comunidade para ser homenageado, sendo essa uma forma de reconhecer sua importância para o evento. No dia 24 já é realizado o sorteio dos nomes das crianças ou adolescentes que participarão no ano seguinte, com as funções já definidas para que cada família se organize, no sentido de prover os recursos necessários para a realização da próxima festa.

CONSIDERAÇÕES FINAIS

Evidenciamos a importância da religiosidade nos processos de proteção dos bens imateriais, especialmente com relação ao patrimônio religioso, utilizando o exemplo das festas em Mazagão Velho no estado do Amapá. Diante do exposto, pode-se afirmar que privilegiar as questões referentes ao patrimônio cultural consiste em apresentar formas de apropriação e recriação da história local, como é feito através das narrativas de suas manifestações religiosas e culturais, o que evidencia que o conhecimento histórico pode acontecer a partir da recriação da experiência dos integrantes sociais de uma comunidade, grupo ou indivíduos.

Mas para isso precisamos conhecer nossas raízes, reconhecer nosso patrimônio cultural que nos faz sentir orgulho do que somos e de quem somos, despertando-nos para a preservação de nossa herança cultural. Assim sendo, preservar o patrimônio cultural imaterial, para as atuais e futuras gerações, é também conhecer a si mesmo e entender sua relação com a comunidade ou com o ambiente em que estamos inseridos. A preservação dos bens culturais imateriais representados pelas devoções aos santos em Mazagão Velho pode significar a valorização da identidade social, da memória e das tradições religiosas dessa comunidade.

Conhecer o verdadeiro sentido histórico do negro é promover o rompimento com a ignorância que tem gerado ideias preconceituosas e dificultado o exercício da cidadania da população; é abrir o debate acerca da importância da afirmação de nossa identidade cultural enquanto um direito da pessoa humana. É reeducar para o conhecimento da história de atores fundamentais no desenvolvimento do Brasil, como também nos dá o direito de conhecermos a nossa própria história.

Mesmo não sendo oficialmente registradas, mas por alguns dos elementos descritos anteriormente, as celebrações em Mazagão Velho no estado do Amapá poderiam se enquadrar dentro do que estabelece a política de salvaguarda dos bens de natureza intangível do Iphan.

REFERÊNCIAS

ASSIS, Wilson Rocha. O patrimônio cultural e a tutela jurídica das identidades. *In*: KISHI, Sandra Akemi Shimada; SOARES, Inês Virgínia Prado; LAGE, Claudia Marcia Freire (coord.). **Olhar multidisciplinar sobre a efetividade da proteção do patrimônio cultural**. Belo Horizonte: Fórum, 2011.

ASSUNÇÃO, Paulo. **Mazagão**: cidades em dois continentes. USJT arq.urb, n. 2, segundo semestre/2009. Disponível em: http://www.usjt.br/arq.urb/numero_02/artigo_paulo.pdf. Acesso em: 12 mar. 2015.

BOYER, Véronique. Passado português, presente negro e indizibilidade ameríndia: o caso de Mazagão Velho, Amapá. **Religião e Sociedade**, Rio de Janeiro, v. 28, n. 2, p. 11–29, 2008.

BRASIL. **Constituição da República Federativa do Brasil de 5 de outubro de 1998**. Disponível em: www.planalto.gov.br. Acesso em: 15 jan. 2014.

FERNANDES, José Ricardo Oriá. **Legislação sobre patrimônio cultural**. Câmara dos Deputados. Brasília. 2ª edição, 2013.

INSTITUTO DO PATRIMÔNIO HISTÓRICO E ARTÍSTICO NACIONAL (IPHAN). **Patrimônio imaterial**. Disponível em: http://portal.iphan.gov.br/montarPaginaSecao.do;jsessionid=0D8BE0A6D6F55767F3E016D33F8F5F3E?id=10852&retorno=paginaIphan. Acesso em: 15 jan. 2014.

INSTITUTO BRASILEIRO DE GEOGRAFIA E ESTATÍSTICA (IBGE). **Estimativa de população**. Disponível em: http://ftp.ibge.gov.br/Estimativas_de_Populacao/Estimativas_2014/nota_metodologica_2014.pdf. Acesso em: 12 mar. 2015.

ORGANIZAÇÃO DAS NAÇÕES UNIDAS PARA A EDUCAÇÃO, A CIÊNCIA E A CULTURA (UNESCO). **Declaração Universal sobre a Diversidade Cultural 2002**. Disponível em: www.unesco.org.br ou http://unesdoc.unesco.org/images/0012/001271/127160por.pdf. Acesso em: 15 nov. 2014.

ORGANIZAÇÃO DAS NAÇÕES UNIDAS PARA A EDUCAÇÃO, A CIÊNCIA E A CULTURA (UNESCO). **Convenção para a Salvaguarda do Patrimônio Cultural Imaterial**, 2003.

OLIVEN, Ruben George. Patrimônio intangível: considerações iniciais. *In*: ABREU, Regina; CHAGAS, Mário (org.). **Memória e Patrimônio**: ensaios contemporâneos. 2. ed. Rio de Janeiro: Lamparina, 2009.

PELEGRINI, Sandra de Cássia Araújo; FUNARI, Pedro Paulo. **O que é patrimônio cultural imaterial**. São Paulo: Brasiliense, 2013. (Coleção Primeiros Passos; 331).

SANTANA, Patrícia da Costa. Patrimônio cultural e meio ambiente: um novo direito. A necessária separação dogmática. **Revista dos Tribunais**, ano 101, v. 924, out. 2012.

VIDAL, Laurent. **Mazagão, a cidade que atravessou o Atlântico**: do Marrocos à Amazônia (1769-1783). Posfácio de Jean Duvignaud. Tradução de Marcos Marcionilo. São Paulo: Martins Fontes, 2008.

SOBRE OS AUTORES

Adaíles Aguiar Lima

Mestra em Educação pela Universidade Federal do Amapá (Unifap). Pedagoga. Professora do Governo Federal, ex-Território do Amapá. Membro do Grupo de Pesquisa Educação, Interculturalidade e Relações Étnico-Raciais (Unifap/CNPq). Membro do Grupo de Estudos e Pesquisas em Etnomatemática, Cultura e Relações Étnico-Raciais (Gepecrer-Ueap).

E-mail:adaileslima@gmail.com

Orcid: 0000-0002-6291-8891

Alene Chagas da Silva

Mestra em Direito Ambiental e Políticas Públicas pela Universidade Federal do Amapá (Unifap). Especialista em Didática e Metodologia do Ensino pela Faculdade de Macapá (Fama). Bacharel em Direito pelo Centro de Ensino Superior do Amapá (Ceap). Graduada em Licenciatura Plena em Pedagogia pela Universidade Federal do Amapá (Unifap). Membro do Grupo de Pesquisa Educação, Interculturalidade e Relações Étnico-Raciais (Unifap/CNPq).

E-mail: alene-chagas@hotmail.com

Orcid: 0000-0002-0724-605X

Antônio Eugênio Furtado Corrêa

Mestre em Desenvolvimento Regional pela Universidade Federal do Amapá (Unifap). Bacharel em Direito. Professor da rede estadual de educação do Amapá. Membro do Grupo de Pesquisa Educação, Interculturalidade e Relações Étnico-Raciais (Unifap/CNPq). Membro do Grupo de Estudos e Pesquisas em Etnomatemática, Cultura e Relações Étnico-Raciais (Gepecrer-Ueap).

E-mail: eugeniofurtadoc@gmail.com

Orcid: 0000-0003-1188-7527

Efigênia das Neves Barbosa Rodrigues

Doutoranda do Programa de Pós-Graduação em Educação da Amazônia (Pgeda), Associação Plena em Rede (Educanorte). Mestra em Desenvolvimento Regional pela Universidade Federal do Amapá (Unifap). Licenciada em Pedagogia pela Universidade Federal do Pará (UFPA). Professora da educação básica pelo Governo do Estado do Amapá e professora das disciplinas Currículo e Diversidade Cultural, e Planejamento Educacional pela Universidade Meta/Amapá. Membro do Grupo de Pesquisa Educação, Interculturalidade e Relações Étnico-Raciais (Unifap/CNPq). Membro do Grupo de Estudos e Pesquisas em Etnomatemática, Cultura e Relações Étnico-Raciais (Gepecrer-Ueap).

E-mail: efigenia_nb@yahoo.com.br

Orcid: 0000-0002-7150-3700

Elivaldo Serrão Custódio

Pós-doutor em Educação pela Universidade Federal do Amapá (Unifap). Doutor em Teologia pela Faculdade EST. Mestre em Direito Ambiental e Políticas Públicas pela Unifap. Matemático, pedagogo, historiador e teólogo. Professor adjunto da Universidade do Estado do Amapá (Ueap). Professor do Mestrado Profissional em Matemática da Unifap. Líder e fundador do Grupo de Estudos e Pesquisas em Etnomatemática, Cultura e Relações Étnico-Raciais (Gepecrer-Ueap). Vice-líder do Grupo de Pesquisa Educação, Interculturalidade e Relações Étnico-Raciais (Unifap/CNPq).

E-mail: elivaldo.pa@hotmail.com

Orcid: 0000-0002-2947-5347

Eugénia da Luz Silva Foster

Pós-doutora em Educação pela Universidade do Estado do Rio de Janeiro (Uerj). Doutora e mestra em Educação pela Universidade Federal Fluminense (UFF). Natural do arquipélago de Cabo Verde. Professora associada da Universidade Federal do Amapá (Unifap). Atua como professora no curso de Pedagogia, no Programa de Pós-Graduação em Educação (PPged/Unifap) e no Programa de Doutorado em Rede na Amazônia (Educanorte/UFPA). Líder do Grupo de Pesquisa Educação, Interculturalidade e Relações Étnico-Raciais (Unifap/CNPq). Membro do Grupo de Estudos e Pesquisas em Etnomatemática, Cultura e Relações Étnico-Raciais (Gepecrer-Ueap).

E-mail: daluzeugenia6@gmail.com

Orcid: 0000-0002-0807-0789

Gisele Paula Batista

Mestra em Educação pela Universidade Federal do Amapá (Unifap). Especialista em Gestão de Arranjos Produtivos Locais (APL) pela Unifap. Graduada em Licenciatura Plena em Pedagogia pelo Instituto de Ensino Superior do Amapá (Iesap). Professora substituta na Universidade do Estado do Amapá (Ueap). Pedagoga na rede de ensino municipal de Macapá. Membro do Grupo de Pesquisa Educação, Interculturalidade e Relações Étnico-Raciais (Unifap/CNPq).

E-mail: giselegueds@gmail.com

Orcid: 0000-0003-2596-5135

Jacks de Mello Andrade Junior

Doutorando em Educação pela Universidade Estácio de Sá (Unesa-RJ). Mestre em Desenvolvimento Regional pela Universidade Federal do Amapá (Unifap). Especialista em Comunicação e Marketing pela Universidade Castelo Branco (UCB-RJ). Bacharel em Comunicação Social pela Universidade Federal de Viçosa (UFV-MG). Licenciado em Pedagogia pela Universidade Estácio de Sá (Unesa). Professor de Jornalismo na Universidade Federal do Amapá (Unifap). Membro do Grupo de Pesquisa Comunicação, Mercado e Tecnologia (Comertec) e do Grupo de Pesquisa Educação, Interculturalidade e Relações Étnico-Raciais (Unifap/CNPq).

E-mail: jacks.andrade@unifap.br

Orcid: 0000-0003-0797-9779

Moisés de Jesus Prazeres dos Santos Bezerra

Doutorando do Programa de Pós-Graduação em Educação da Amazônia (Pgeda), Associação Plena em Rede (Educanorte). Mestre em Educação pela Universidade Federal do Amapá (PPged/Unifap). Professor do Governo do Estado do Amapá. Membro do Grupo de Pesquisa Educação, Interculturalidade e Relações Étnico-Raciais (Unifap/CNPq). Membro do Grupo de Estudos e Pesquisas em Etnomatemática, Cultura e Relações Étnico-Raciais (Gepecrer-Ueap).

E-mail: moisesprazeres@bol.com.br

Orcid: 0000-0002-4953-4391

Silvaney Rubens Alves de Souza

Mestre em Desenvolvimento Regional pela Universidade Federal do Amapá (MDR/Unifap). Especialista em História e Historiografia da Amazônia pela Universidade Federal do Amapá (Unifap). Professor de História da rede pública estadual de ensino do estado do Amapá. Membro do Grupo de Pesquisa Educação, Interculturalidade e Relações Étnico-Raciais (Unifap/CNPq). Membro do Grupo de Estudos e Pesquisas em Etnomatemática, Cultura e Relações Étnico-Raciais (Gepecrer-Ueap).

E-mail: silvaney.rubens@gmail.com

Orcid: 0000-0002-3684-4120

Vaniely Corrêa Barbosa

Doutoranda do Programa de Pós-Graduação em Educação da Amazônia (Pgeda), Associação Plena em Rede (Educanorte). Mestra em Linguagens e Saberes na Amazônia pela Universidade Federal do Pará (UFPA). Servidora da Universidade Federal do Pará (UFPA). Membro do Grupo de Pesquisa Educação, Interculturalidade e Relações Étnico-Raciais (Unifap/CNPq).

E-mail: vaniely_barbosa23@yahoo.com.br

Orcid: 0000-0003-1787-2537